Georges Lafenestre

Saint François d'Assise et l'Art italien

Critique

ISBN : 978-1723086274

10 9 8 7 6 5 4 3 2 1

Georges Lafenestre

Saint François d'Assise et l'Art italien

Critique

Table de Matières

I. LA BASILIQUE D'ASSISE ET L'ARCHITECTURE GOTHIQUE

Durant longtemps, depuis la Renaissance et la Réforme, la vieille cité d'Assise et sa Basilique ne furent guère un but de pèlerinage que pour les fervents catholiques et les ecclésiastiques lettrés. Aux XVIe, XVIIe et XVIIIe siècles, les voyageurs, humanistes ou hétérodoxes, ne daignent plus s'arrêter dans cette bourgade, silencieuse et déserte, n'offrant à leur vue, sous des débris de tours et remparts ébréchés, qu'un amoncellement confus et désordonné de couvents et d'églises, tous d'un style démodé, gothique, barbare, irrégulièrement superposés en des lacis tortueux de ruelles glissantes et raboteuses, d'une escalade pénible. Si quelque esprit fort, au XVIIIe siècle, par hasard se rappelle le patron du lieu, saint François, c'est à travers le souvenir répugnant de quelques capucins dégénérés, objets de risée légendaire pour les conteurs égrillards et les bourgeois pratiques, qu'ils ont vus traînant leur oisiveté dans les quartiers populaires. Pour eux, les seuls grands hommes d'Assise sont tout au plus Properce, le chantre élégiaque, élégant et précieux, des courtisanes romaines, ou leur contemporain Métastasio, le librettiste sentimental des opéras langoureux. Aucun ne semble se douter qu'au Moyen âge, un autre chantre d'amour, mais d'un amour plus pur et plus profond, d'un brûlant amour pour la nature entière, pour toutes les créatures et pour leur Créateur, avait, sur ce même sol, dans l'enchantement du même ciel, répandu, par ses paroles et ses exemples, un trésor infini de pitié, de tendresse, d'espérances, d'une poésie naïvement humaine, autrement sincère, consolante, salubre et féconde que toutes les virtuosités, égoïstes et stériles, des littératures mondaines et savantes.

Avec quelle désinvolture, notre trop spirituel et sceptique Président de Brosses se déclare-t-il heureux que l'obscurité nocturne l'ait empêché de voir Spoleto « qui n'en vaut pas la peine ! » : Comme il s'empresse d'ajouter : « Près de là est la ville d'Assise, mais je me gardai bien d'y aller, craignant les stigmates comme tous les diables ! » Quelques années plus tard, en 1786, Goethe lui-même, dans son enthousiasme exclusif alors pour l'art antique, ne gravit seul, à pied, la rude montée du Subasio que pour admirer le temple de Minerve « bâti du temps d'Auguste et très bien conservé, » auquel il consacre une belle page. C'est avec horreur, lui aussi, qu'il se détourne des édifices franciscains : « Ce couvent, avec ses tours babyloniennes, ne m'a inspiré que de l'aversion… »

L'honneur d'avoir rappelé l'attention des artistes et des historiens sur la grande basilique, revient, ce semble, à notre compatriote, Seroux d'Agincourt. Ce savant amateur, si perspicace et si modeste, est, on l'oublie trop, le vrai créateur de l'Histoire de l'Art par l'élude analytique et comparative des monuments, à toutes les époques et dans les divers styles, telle que nous la comprenons aujourd'hui. Installé en Italie pour le reste de ses jours, dès 1779, il comprit, l'un des premiers, l'intérêt esthétique de cet édifice. Il en releva les plans et les détails, et crut pouvoir remarquer dès lors que « c'était, en Italie, le plus ancien édifice entièrement gothique où dominait, tout seul, l'arc aigu. » Dans une de ses visites, il y fit même exécuter des calques, d'après les vieilles peintures, par un jeune peintre anglais, dont on aimerait savoir le nom. C'était déjà, sans doute, un de ces artistes libres et curieux, venus du Nord, qui préparaient le retour prochain à l'intelligence des chefs-d'œuvre oubliés du Moyen âge et de la première Renaissance, précurseur ou compagnon des Nazaréens d'Allemagne, des Ingristes de France, des Préraphaélites de la Grande-Bretagne. Dès lors, de temps à autre, quelque étudiant ou touriste vient admirer les fresques de Giotto, de ses prédécesseurs et successeurs. Stendhal, malgré ses préjugés bolonais, les regarde attentivement. Il leur trouve bien « l'air barbare ; » néanmoins, il énumère, avec sagacité, leurs qualités durables, et définit nettement le génie du puissant novateur. L'édifice, d'ailleurs, qu'elles décorent, lui reste fort indifférent.

Il fallut, en réalité, l'heureuse explosion et le triomphe du romantisme, ses rappels chaleureux, par ses poètes, romanciers, historiens, archéologues, à l'amour et au respect du passé, pour que la vieille ville, ses vieux édifices, son vieux saint, parussent dignes enfin d'une visite aux touristes laïques, aux curieux et lettrés de tous pays et de toutes croyances.

En 1818, le pape Pie VII ordonna des fouilles dans l'église inférieure, afin d'y retrouver le tombeau du saint, dont l'emplacement, soigneusement caché aux curiosités avides des superstitions sacrilèges, était, depuis longtemps, incertain et contesté. La découverte des reliques, la publication, l'année suivante, par Carlo

Fea, du procès-verbal des fouilles, sa description documentée de la Basilique, rappelèrent, décidément, sur le monument oublié, l'intérêt et la curiosité générales. Dès 1826, Valéry, bibliothécaire du Palais de Versailles, parle, dans son *Voyage d'Italie*, avec une admiration éclairée, des deux sanctuaires superposés au-dessus de leur soubassement de forteresses, « l'église inférieure sombre, austère, respirant la pénitence et la tendresse… l'église supérieure, brillante, lumineuse, formant un habile contraste avec l'église inférieure. » C'est déjà l'impression, juste et vive, que Taine, à son tour, éprouvera quarante ans plus tard et qu'il développera avec toute la richesse verbale de son éloquence colorée. Deux ans après, Goerres, dans son *Der h. Franz ein troubadour*, indiquait l'action profonde exercée sur l'imagination, la littérature et les arts d'Italie par le génie poétique du prédicateur populaire. Chez nous, bientôt, Chavin de Malan, en 1841 (*Vie de saint François d'Assise*), Delécluze, en 1844 (*Grégoire VII, saint François d'Assise et Thomas d'Aquin*) se succèdent pour rappeler aux croyants et aux philosophes la grandeur de son rôle au XIIIe siècle. Les éloquentes leçons d'Ozanam à la Sorbonne en 1850, sur les *Poètes franciscains*, la biographie pittoresque de Hase en 1851 (*Franz von Assisi, ein Lebensbild*), l'article ému et suggestif de Renan à propos de « ce petit chef-d'œuvre de critique religieuse, » accélèrent, plus encore, le mouvement. Partout, en Allemagne, en Italie, en France, c'est une succession, rapide et ininterrompue, de biographies édifiantes et critiques et de publications documentaires, par des ecclésiastiques ou des laïques, des catholiques ou des protestants, des croyants ou des libres penseurs, qui forment déjà une énorme bibliothèque.

Comment se fait-il que, parmi cette multitude, laborieuse et enthousiaste, d'érudits acharnés aux dépouillements d'archives, quêteurs infatigables de faits nouveaux et de détails inédits, la plupart n'aient signalé qu'en passant cette influence extraordinaire exercée sur la Renaissance des lettres et des arts, sur toute la civilisation sociale, imaginative, intellectuelle de l'Italie par les exemples et les paroles, la vie et la légende du Saint ? M. Paul Sabatier lui-même, cet érudit critique à la fois si prudent et hardi, si respectueux et libre, dont la perspicacité et l'activité sont également admirables et dont le *Saint François d'Assise* (1894) a déterminé la dernière et magnifique floraison internationale de littérature franciscaine, a laissé, jusqu'à présent, de côté cette question capitale. Cependant, neuf ans avant lui, en 1885, un jeune professeur allemand, M. Thode, historien et critique d'art, d'une érudition patiente et solide, d'une sensibilité personnelle et sagace, avait déjà traité la question avec une ampleur remarquable en intitulant hardiment son travail : *Saint François d'Assise et les Origines de la Renaissance en Italie.* Ce copieux et beau livre, où les idées émises par Goerres, Ozanam, Renan étaient sur tous les points développées, avec un apport considérable de faits et d'observations nouveaux, n'a cessé, depuis son apparition, d'être utilisé par tous les franciscanisants. La traduction récente qui vient d'en être faite, sur la seconde édition, revue et mise à jour, par un de nos meilleurs polyglottes, ne saurait donc manquer d'être accueillie avec reconnaissance par les lecteurs français. Les chapitres sur la Basilique d'Assise, sa décoration et son influence sur l'architecture italienne n'ont rien perdu de leur valeur. Si l'on place, maintenant, à côté, sur sa table ou dans sa valise, un opuscule récent de M. Adolfo Venturi, *la Basilica di Assise,* et les délicieux volumes du poète danois Joergensen, récemment traduits aussi par M. de Wyzewa, *Saint François d'Assise, sa vie et son œuvre, Pèlerinages franciscains,* on se trouvera bien armé pour aller faire sur place ou refaire dans son fauteuil la visite du sanctuaire unique où s'est épanouie, dans une manifestation collective et rapide, sous l'inspiration locale de l'apôtre inspiré de la nature et de la vie, la première floraison du génie de la Renaissance jaillissant, comme un rejeton naturel, du sol tourmenté, mais chaleureux et fécond, du moyen âge.

I

Nous autres, les vieillards, nous n'étions pas, tant s'en faut, aussi bien préparés à faire l'ascension du Mont Subasio. Je me vois, je me sens encore, le samedi 21 avril 1866, avec Gabriel Monod, tout frais sorti de l'Ecole Normale, rencontré quelques jours auparavant à Florence dans le salon hospitalier de la comtesse Emilia Peruzzi, gravissant les pentes tortueuses au pied desquelles nous avait déposés notre *vetturino.* Nous n'avions d'autres guides que Du Pays et Baedeker, si brefs et secs tous les deux, d'autres images dans la mémoire que celles de quelques pauvres gravures (la photographie naissante ne s'exerçant point encore dans ces lieux écartés), d'autres idées sur saint François, d'après nos lectures, que celles d'un doux mystique épris de sacrifice, de tristesse, apôtre des vertus obscures et silencieuses, humilité, pauvreté, chasteté.

L'*Umbria verde*, l'enchanteresse printanière, après l'incertitude d'une matinée brumeuse, venait justement de reprendre, avec le tendre éclat de ses frondaisons et floraisons juvéniles, toutes les grâces consolatrices et rassérénantes de son éternelle séduction. Depuis quelques instants, la grande plaine, assoupie sous les plis bigarrés de sa robe d'herbages piqués d'anémones et de pâquerettes, entre les longues files d'ormeaux, d'oliviers et d'aunes balançant à leurs bras tordus et leurs têtes inclinées les guirlandes de ceps bourgeonnants et de pampres hâtifs, s'éveillait, sous la fuite des brouillards, et découvrait à nos yeux l'ampleur calme de son étendue jusqu'aux lointains déroulements de sa ceinture montagneuse, azurée et légère. Au-dessus de nous, dans la coupole grande ouverte, transparente et frémissante, d'un ciel exquisément clair et limpide* tintait, jusqu'en d'invisibles hauteurs, l'hosanna cristallin des alouettes extasiées. C'était comme un immense et indicible sourire de fraîcheur et de paix, de grâce et d'allégresse, de tendresse et d'amour. Nous étions sous l'effet de ces impressions idylliques, lorsque, tout à coup, se dressa devant nous, dans l'atmosphère subtile, la masse énorme et la silhouette étrange des constructions d'Assise.

C'était bien, en effet, quelque chose de colossal, comme nous l'avait dit Gœthe. D'abord, un soubassement formidable, d'arcades hautaines, à double étage, nues et sèches comme de longues et noires meurtrières, étrangement pressées les unes contre les autres, sur une longue file, entre des piliers robustes, une vraie forteresse de géants. Puis, sur cet imposant piédestal, une autre masse aux profils nets et quadrangulaires, se découlant, avec rudesse, toute en lignes horizontales et verticales, sur le calme azur : la Basilique étendue, comme écrasée, derrière son haut clocher carré, lourd, solennel, démesuré. Notre surprise augmenta encore quand, par-dessus, sur la droite, nous aperçûmes, s'entassant, se pressant, se bousculant, s'échelon-riant, s'enchevêtra rit, à mi-côte, comme s'ils grimpaient l'un sur l'autre et se disputaient l'air et la lumière, une multitude de bâtiments entassés, églises et remparts, tours et coupoles, palais et taudis, puis enfin, par-dessus encore, sur la cime escarpée et rougeâtre, étalant, avec fierté, l'ampleur inoffensive de ses ruines séculaires, la silhouette fantastique, étrangement déchiquetée, d'un castel féodal, rougeoyant au soleil, tel qu'une couronne ébréchée de vieil or, abandonnée, dans la tourmente, par des maîtres enfuis, sur le trône désert de leur royauté abolie.

Cette superposition d'édifices séculaires, bastille des despotes étrangers démantelée par la justice populaire, asiles respectés de prière et de charité, palais nobiliaires et hôtels bourgeois côtoyant les humbles logis de travail et de misère, tous reposant sur la base inébranlable des remparts et contreforts accumulés par la puissance ecclésiastique, n'était-elle pas l'image visible, le témoignage encore intact, irrécusable, de l'évolution historique accomplie par l'idée franciscaine ? C'est là-haut que l'enfant prodigue du riche marchand, adolescent étourdi et généreux, déjà pitoyable aux misérables, épris de justice et de liberté, s'était mêlé aux patriotes insurgés pour livrer l'assaut au repaire des soudards germaniques. C'est, au-dessous, dans ces ruelles étranglées, sur ces plates-formes spacieuses, en comparant les taudis infects des prolétaires et les logis fastueux des prélats et des marchands, qu'il s'était senti ému et révolté par l'inégalité des destinées humaines, qu'il avait conçu le dégoût des vanités du monde et l'horreur des injustices sociales. C'est en priant dans l'ombre de ces vieilles églises, Saint-Rufin, Saint-Pierre, Saint-Damien, qu'il avait entendu les premiers appels d'en haut. C'est sur cette terrasse, près de cette vieille porte, qu'à la suite d'une longue maladie, se traînant sur ses béquilles de convalescent, il était venu s'asseoir, et qu'en contemplant l'horizon lumineux de l'immense vallée verdoyante où le Topino déroule avec lenteur les anneaux serpentins de ses eaux claires, l'enfant prodigue, le viveur frivole, avait senti son indicible admiration pour la nature troublée, agrandie, transformée par une immense pitié pour les créatures et par le besoin d'un idéal de vie, terrestre et supra-terrestre, supérieur à celui du monde violent, avide, orgueilleux, dont les vices le dégoûtaient.

Puis enfin, lorsque la douceur de sa parole, l'héroïsme de ses actes, la sincérité de sa foi eurent rallumé, dans les âmes inertes ou corrompues, une flamme d'amour et d'espérance, aussi pure, aussi active que celle dont avaient brûlé, douze siècles auparavant, les premiers apôtres de Jésus, ne fut-ce pas l'édification rapide de cette basilique majestueuse sur sa tombe encore fraîche qui prouva, aux yeux de tous, la vitalité de ses doctrines et l'étendue de son prestige ? Ne sont-ce pas aussi les masses imposantes de ces murailles cyclopéennes, dressées, pour la soutenir, par ses successeurs, qui témoignent de la fermeté résolue et de l'opiniâtreté vigoureuse avec laquelle l'Eglise orthodoxe voulut et sut adapter à ses traditions et à ses besoins les libres inspirations du candide réformateur ?

Ah ! certes, le pieux mendiant, le *Poverello*, si humble, si modeste, si constamment, si éloquemment ennemi de tous les superflus et de tous les luxes, n'avait point prévu, pour sa mémoire, de pareils honneurs. Il ne les eût même acceptés à aucun prix. Lorsque le Frère Léon, son dernier garde-malade, son secrétaire et confident, sa « petite brebis du bon Dieu, » brisa de ses mains la vasque de marbre placée par Frère Elie près de la vieille chapelle pour y recevoir les aumônes destinées à la construction du nouveau sanctuaire, ce jour-là, le bon disciple, par ce geste violent, se montrait fidèle aux instructions du maître. François, sur ce point, n'avait-il pas, de son vivant, mille et mille fois exprimé sa pensée par paroles et actes ? Des églises, des chapelles, des sanctuaires, oui, sans doute, il en fallait ! Il en fallait même beaucoup, beaucoup, afin que les pécheurs et les souffrants en pussent rencontrer souvent sur leur route, s'y repentir, s'y consoler, s'y fortifier, dans la prière et dans l'extase ! Sa première œuvre, après sa conversion, avait été d'y travailler de ses mains. On l'avait vu quêter des pierres à la ville, à la campagne, les porter sur ses épaules, monter sur les échafaudages, faire le maçon et le goujat pour remettre en état les églises abandonnées, Saint-Damien, Sainte-Marie de la Portiuncule, Saint-Pierre. Oui, toutes ces églises, il les voulait solides, il les voulait propres. A l'occasion même, comme il fit un matin, dans un pauvre oratoire des champs, il prenait le balai et donnait l'exemple aux sacristains négligents. Mais, en revanche, tout ornement de luxe lui semblait inutile et déplacé, et toute entreprise de construction magnifique ou grandiose, une ambition vaniteuse, la manifestation d'un instinct égoïste de richesse et de propriété absolument contraires aux principes évangéliques. Les chroniques et notes contemporaines, rédigées par ses disciples, témoins de sa vie, les deux légendes de Thomas de Celano, le *Miroir de Perfection*, la *Légende des Trois Compagnons*, par Frère Léon et ses amis, abondent, sur ce sujet, en anecdotes significatives.

Pour lui comme pour ses frères, l'Homme de Dieu ne voulait que des cabanes en bois, très pauvres, jamais en pierre. « Les renards ont leurs tanières, disait-il, et les oiseaux leurs nids. Mais le Fils de l'Homme n'eut point où reposer sa tête. » Défense aux moines, également, d'habiter sous un toit quelconque dont ils ne connaîtraient pas le propriétaire. Pèlerins de passage sur la terre, ils n'y devaient vivre qu'en étrangers toujours en marche vers l'éternelle patrie. Un jour, comme un frère demandait à l'autre : « D'où viens-tu ? » celui-ci lui répondit : « De la cellule de Frère François, » mais François l'ayant entendu, s'écria aussitôt : « Qui t'a permis de donner mon nom à cette cellule, comme si elle était mienne ? Cherche-lui d'autres habitants. Je n'y retournerai pas ! » Ainsi donc, pas plus de propriété collective pour ses disciples réunis que de propriété personnelle pour aucun d'eux. Il arriva, certaine année, qu'aux approches de la réunion du chapitre général à la Portiuncule, les Assisiates, en l'absence du Père et sans le prévenir, firent construire précipitamment une maison afin de l'héberger. Lorsque, à son arrivée, François aperçut la bâtisse, il en fut si fortement scandalisé qu'après s'être plaint hautement, il en ordonna la destruction immédiate et, montant lui-même le premier sur le toit, il se mit, d'un bras robuste, à jeter bas les tuiles et les lattes, enjoignant à ses frères de le suivre et d'en faire autant, afin d'anéantir les traces de ce crime de lèse-pauvreté. Le podestat dut envoyer ses sbires pour réclamer, au nom de la Commune, un bien municipal. Un autre jour, revenant de Vérone, il apprend qu'à Bologne, des frères avaient bâti un couvent. Il s'y rend aussitôt et leur intime l'ordre de quitter la maison, sans délai, sans exception, même pour les malades. « Celui qui le raconte, dit Thomas de Celano, fut un de ceux qui étaient infirmes lorsqu'on les chassa. »

Si les Franciscains, cependant, se trouvaient obligés de construire des églises pour leur service, ils ne devaient point les faire trop grandes, même en vue des prédications populaires, ou sous tout autre prétexte ; car « c'est plus grande humilité et meilleur exemple d'aller dans d'autres églises pour prêcher. » En tout cas, église ou couvent, ils ne devaient rien posséder en propre. Lorsqu'on eut quitté de force le misérable hangar de Rivo Torto, premier abri du petit troupeau, parce qu'on s'y trouvait à l'étroit, la maisonnette (dépendant de la vieille église de la Portiuncule) où l'on campa ensuite devint elle-même promptement insuffisante au nombre croissant des adeptes. Il fallut bien, bon gré, mal gré, chercher une meilleure installation « avec une église où les frères pussent dire leurs heures. »

François s'adresse d'abord à l'évêque d'Assise ; mais celui-ci n'a rien à prêter. Même demande aux chanoines de la cathédrale, même insuccès. On dut pousser jusqu'à Subiaco, implorer l'abbé des Bénédictins. Touché de la détresse de François, ce dernier lui accorde enfin la vieille église Sainte-Marie de la Portiuncule, comme « la plus petite et la plus pauvre qu'ils possédassent. » Mais François s'en réjouit d'autant plus que cette petitesse et cette pauvreté la destinaient bien à être le berceau, l'église-mère des pauvres petits frères et que, depuis les temps antiques, elle était appelée par le bon peuple Sainte-Marie des Anges, à cause que l'on y entendait souvent les Anges chanter leurs cantiques. L'abbé de Subiaco concédait cette église en toute propriété ; néanmoins François, « maître expert et sage, voulant fonder sa religion sur la pierre solide de la pauvreté, » envoyait, chaque année, à l'abbé et à ses moines, comme redevance, un vase plein de petits poissons (des gardons), « en esprit d'humilité et pauvreté, et afin que les frères ne possédassent rien en propre. » Quelques jours avant sa fin, dictant à ses frères ses dernières volontés, il revint avec insistance sur ce sujet, rappelant les débuts modestes de l'ordre : « Nous demeurions bien volontiers en des églises très pauvres et délaissées, car nous étions ignorants et soumis à tous. Et je travaillais de mes mains, et je veux travailler, et je veux fermement que tous les autres frères travaillent à des travaux d'utilité honnête. Quant à ceux qui ne savent point, qu'ils apprennent, non par désir de toucher le prix de leur labeur, mais pour le bon exemple et pour chasser l'oisiveté… J'ordonne expressément, par obéissance, à tous, à tous les frères, où qu'ils soient, de ne s'enhardir jamais à demander à la Curie romaine, ni personnellement, ni par intermédiaire, aucune bulle en faveur d'une église ou de tout autre édifice, ni sous prétexte de prédication ou de pénitence. S'ils ne sont pas reçus, n'importe où, qu'ils s'enfuient vers quelque autre pays pour y faire pénitence avec la bénédiction de Dieu ! »

Lorsque l'agonisant, nu sur la cendre, renouvelait *in extremis* ces pieuses recommandations à ses compagnons en pleurs, gardait-il, en lui-même, l'espoir qu'elles fussent longtemps respectées par tous ceux qui portaient, comme eux, la tunique franciscaine ? Hélas ! sur ce point, comme sur tant d'autres, l'homme de Dieu avait éprouvé déjà combien son idéal de perfection morale semblait irréalisable même à beaucoup de ses admirateurs. Dans ce lieu même où il prononçait ces paroles, quelques jours avant, ne lui avait-on point parlé de reconstruire cette cabane de la Portiuncule, premier abri de la confrérie ? Il entendait, lui, qu'on la refît telle quelle, en bois et torchis, suivant la règle générale, « en signe de saintes Pauvreté et Humilité et mémoire éternelle de leur glorieuse et modeste origine. Mais quelques frères avaient protesté avec vivacité, alléguant qu'en certains pays le bois était plus cher que la pierre. » C'étaient sans doute quelques-uns de ces « prélats et savants » qui devaient bientôt obtenir du pape Grégoire IX, le 28 septembre 1230, une bulle déclarant que les frères n'étaient point tenus d'observer le testament. « Mais nous qui étions avec lui, disent les auteurs du *Speculum Perfectionis*, nous sommes témoins… Le bienheureux François ne voulut pas discuter avec eux parce qu'il était près de sa fin et très gravement malade, et que, craignant surtout le scandale, il condescendait, contre sa volonté, aux volontés d'autres frères. Mais il fit alors écrire encore dans son testament : « Que les Frères se gardent bien surtout d'accepter des églises, couvents et autres édifices construits pour eux, sinon comme il sied à la sainte Pauvreté, c'est-à-dire qu'ils n'y soient qu'hospitalisés, ainsi que des pèlerins et étrangers. »

II

L'homme de Dieu, le fondateur de l'ordre, mourut le 4 octobre 1226. Déjà, depuis plus de quatre ans, à son retour d'Orient, malade et désillusionné, il en avait abandonné la direction. Son premier successeur, Pietro Cattani, était mort, lui-même, le 10 mars 1221. La charge de vicaire général avait alors été confiée à Frère Elie, un de ses autres compagnons en Palestine. Etrange et curieux personnage que ce Frère Elie, actif, pratique, ambitieux, souple et rusé, autoritaire et vaniteux, l'antithèse flagrante, par ses qualités et ses vices, de son patron candide, le rêveur extatique, l'idéaliste irréductible. D'après les savantes recherches du docteur Lemp, Elie était, comme François, un enfant d'Assise, à peu près du même âge que lui. Son père, un Bolonais, au nom ou surnom ronflant, Bombarone, était assez pauvre. On le voit, dans sa jeunesse, gagner péniblement sa vie, à la fois matelassier et maître d'école. Mais il est intelligent, laborieux, ambitieux ; le voici à Bologne, étudiant, notaire, juriste. De bonne heure, sans doute, il pressentit le glorieux avenir de son compatriote et se hâta d'associer, avec une énergie opiniâtre, sa propre destinée à la sienne. Si son nom ne figure point sur la liste (d'ailleurs variable) des douze premiers disciples, il se trouve, dès 1217, si fort avant dans la confiance du maître, qu'il est chargé d'une mission en Terre Sainte ; il y demeure deux ans. Il n'en revient précipitamment qu'avec François, en 1219, sur l'annonce des querelles suscitées entre les Frères par les modifications apportées au fonctionnement de l'ordre, contrairement à l'esprit de la règle. Cette règle, très austère dans sa simplicité évangélique, avait, dès l'origine, semblé, aux prélats expérimentés, d'une pratique difficile, sinon impossible. On avait profité de l'absence de François pour se dispenser d'une application rigoureuse. Dès qu'il reparut, on profita de sa présence pour lui en demander une nouvelle rédaction.

François avait déjà formulé deux règles. La première, très brève, très simple, était celle qu'Innocent III n'avait cru pouvoir approuver que verbalement, avec réserve, par compassion, sans donner ni promettre un écrit. La seconde, déjà moins idéale, officiellement approuvée par Honorius III, avait encore été, au dire de Frère Léon, sur plusieurs points, assez vite oblitérée par la prélature. On persuada même François à son retour des Lieux Saints que, durant son absence, le texte en avait été perdu et qu'il en fallait un nouveau. L'homme de Dieu, comme toujours, se résigna.

« Il monta donc sur une montagne (Monte Colombo près de Rieti) avec Frère Léon d'Assise et Frère Bonyzo de Bologne, afin de leur dicter une autre règle sous l'inspiration du Christ. Ce qu'apprenant, bon nombre de prêtres s'en émurent et s'en allèrent trouver Frère Elie : « Nous avons appris, lui dirent-ils, que ce Frère François fait une nouvelle règle. Nous craignons qu'il ne la fasse trop dure, et que nous ne puissions l'observer. Nous voulons donc que tu l'ailles trouver et lui dire que nous refusons d'être astreints à cette règle. Qu'il la fasse pour lui, mais non pour nous ! » Frère

Elie répondit qu'il ne voulait pas y aller sans eux : ils se mirent donc tous en marche. Quand Frère Elie fut proche de l'endroit où se tenait François, il l'appela. François se retourna et, voyant tous ces prêtres, répondit : « Que me veulent tous ces prêtres ? » Frère Elie lui dit : « Ce sont des prêtres qui, apprenant que tu fais une nouvelle règle et craignant que tu ne la fasses trop dure, protestent et déclarent qu'ils ne veulent point y être obligés, que tu peux la faire pour toi, mais non pour eux. »

« Alors François tourna sa face vers le ciel et s'adressa au Christ : « Seigneur, ne t'ai-je pas bien dit qu'ils ne me croiraient pas ? » Alors tous entendirent, en l'air, une voix qui répondait : « François, dans ta règle, il n'y a rien de toi, tout est de moi, tout ce qui s'y trouve, et je veux que cette règle s'observe *ad litteram*, sans glose, sans glose, sans glose. Je sais pourtant quelles sont les faiblesses humaines et j'y veux compatir, mais que ceux qui ne veulent point observer la règle sortent de l'Ordre ! » Alors François, se retourna vers ses frères et leur dit : « Vous avez entendu, vous avez entendu ; voulez-vous que je vous le fasse redire ? » Et les prêtres, se regardant, confus et terrifiés, se retirèrent. »

Quelle que soit la part de l'exaltation imaginative alors commune à tous les compagnons de l'apôtre, dans ce récit de Frère Léon, le rôle d'Elie vis-à-vis de François s'y dessine avec relief. C'est bien celui d'un homme d'action réfléchie et d'observation positive, très attentif et soumis aux réalités, qui s'efforcera de réduire et d'accommoder l'idéal supérieur du visionnaire céleste aux nécessités vulgaires de son application terrestre. Instrument puissant et souple aux mains du cardinal Hugolin et de la Curie romaine, c'est Elie, en effet, qui contribuera, le plus efficacement, à faire rentrer la religion nouvelle dans les formes et les cadres des vieux ordres monastiques, et à la mettre au service de la Papauté militante, comme une levée en masse de volontaires enthousiastes, une armée plus nombreuse, mieux disciplinée, plus populaire, que l'ancienne féodalité épiscopale et bénédictine.

Nombre d'autres anecdotes rapportées par des témoins indiquent bien la différence des deux esprits et des deux cœurs, et combien la vive et tendre sensibilité de François et l'heureuse liberté de sa foi pure et profonde, étaient peu comprises par son successeur. A l'évêché d'Assise, dans les derniers jours, lorsque, en proie à d'atroces douleurs, le malade se faisait chanter, par ses frères, son hymne de la Nature et de la Vie, récemment composé, son sublime « Cantique du Soleil, » Frère Elie, se montrant scandalisé, lui vint dire : « Très cher Père, certes, je suis fort consolé, fort édifié par ta joie, en de telles souffrances, et celle de tes compagnons. Mais ne crains-tu pas que les gens d'Assise, malgré leur vénération pour toi, parce qu'ils croient ta maladie sans remède et ta fin prochaine, ne s'étonnent d'entendre ainsi chanter nuit et jour et ne disent : « Comment celui-là se montre-t-il si gai aux approches de sa fin ? Ne devrait-il pas méditer sur la mort ?... » Mais le bienheureux François répondit : « Laisse-moi, laisse-moi me réjouir en Dieu et par ses louanges, au milieu de mes maux, puisque, grâce au Saint-Esprit, je suis déjà si bien uni et joint à mon Dieu, que je puis exulter en lui, le Très-Haut ! »

Comment s'étonner qu'au lendemain même de la mort du fondateur, Frère Elie, provisoirement préposé, par son titre, à la direction de l'ordre, n'ait guère tenu compte de ses constantes volontés ? Le corps nu du Saint n'était pas refroidi sous le cilice et la cendre dont il s'était fait couvrir, dans cette humble cabane de la Portiuncule où il eût voulu être enterré, que toute la population d'Assise, avec armes, bannières, trompettes, descendait, en hâte, s'en saisir et l'emporter triomphalement à l'abri de ses remparts. Qu'il fallût soustraire la précieuse relique à la jalousie et aux violences des Pérugins, cela n'est pas douteux, si l'on songe aux mœurs du temps. Déjà, récemment, lorsqu'on avait ramené le Saint presque mourant de Cortone à Assise, on avait dû le transporter en secret, par des voies détournées, avec une forte escorte, afin d'éviter un coup demain, l'enlèvement en route du futur producteur de miracles. Frère Elie s'empressa d'assurer tout de suite à ses concitoyens tous les bénéfices, moraux et matériels, de cette prise de possession. Il annonça que le tombeau du Saint resterait dans la ville, et que, sur ce tombeau, s'élèverait un magnifique sanctuaire. Sur-le-champ, avec sa promptitude habituelle de décision, il se mit à l'œuvre.

Les circonstances, d'abord, ne lui furent pas encourageantes. Le chapitre, réuni pour l'élection du ministre général, lui marqua sa défiance en nommant, à sa place, Jean Parenti, Florentin. Cette première déconvenue ne ralentit pas son entreprise. Il continua d'agir comme s'il n'avait point de supérieur. Parneti, homme doux et paisible, consciencieusement fidèle à l'idéal franciscain, ne tarda pas à reconnaître son impuissance. Désabusé, désespéré, comme l'avait été le Saint, il abandonna bientôt le pouvoir pour se réfugier dans la solitude et la prière. Au contraire, durant ce temps, l'ardent organisateur, de connivence avec la Commune d'Assise, d'accord avec l'ex-cardinal Hugolin, devenu le pape Grégoire IX, ne perdait point une minute. La canonisation, précipitamment instruite, de saint François fut proclamée le 16 juillet 1228.

Elie ne l'avait pas attendue pour commencer les travaux. L'acte par lequel Simon Puzarelli cède à Frère Elie, mandataire du Pape, des terrains sur la Colline d'Enfer (lieu de supplices) pour y construire « un oratoire ou une église sur le tombeau du bienheureux corps de saint François, » avait dû exiger d'assez longues négociations et la préparation d'un plan général ; or, les signatures sont données en avril. Cette année même et les années suivantes, d'autres actes, donations, contrats divers, achats de matériaux, bulles pontificales, témoignent d'une activité fiévreuse dans les travaux. L'affaire fut si bien menée que la translation solennelle des restes du Saint dans la nouvelle basilique put être célébrée le 25 mai 1230. Cette fête, bruyamment annoncée, ne s'acheva point sans troubles. Des hommes d'armes se jetèrent, tout à coup, au milieu de la procession, s'emparèrent du cercueil, et le transportèrent en hâte dans l'église dont les portes furent aussitôt fermées devant la foule tumultueuse et furieuse. Une tranchée ouverte dans le sol reçut le cercueil ; dès qu'il y fut descendu, on combla la fosse, dont les traces furent si soigneusement cachées qu'on ignora durant six siècles l'endroit exact où reposait le Saint. C'est en 1818 seulement, nous l'avons dit, que de nouvelles fouilles firent découvrir la châsse encastrée dans la roche, sous le maître-autel. C'est en 1824 que fut construite la crypte actuelle, qui la renferme. Cette scène scandaleuse avait été organisée par le podestat et la commune d'Assise. Fut-ce avec l'assentiment de Frère Elie ? Il semble, d'après quelques autres témoignages, que celui-ci, par plus de prudence encore, avait déjà fait transporter le corps secrètement, de nuit, deux ou trois jours avant la cérémonie officielle.

Pourquoi cet acte de violence, pourquoi cet enlèvement clandestin ? Suivant quelques-uns, l'astucieux et défiant Elie aurait voulu éviter un examen public des stigmates miraculeux.

Suivant d'autres, c'était, de sa part, une vengeance vis-à-vis de Frère Parenti, ministre général élu à sa place et contre lui. Les deux suppositions ne sont guère vraisemblables. D'une part, les plaies de François, quelle qu'en fût l'origine, avaient été constatées par plusieurs témoins, et le cadavre, enseveli depuis plus de deux ans, ne pouvait être exposé aux yeux de la foule. D'autre part, pour un homme qui recherchait la popularité, ce désordre scandaleux jeté dans la solennité d'une fête, locale et patriotique, depuis longtemps attendue, pour la tourner en une scène de brigandage et d'émeute sanglante, n'était guère un moyen d'avancer ses affaires. Le Frère Léon, doux et véridique, adversaire irréconciliable de Frère Elie, semble avoir, honnêtement, reconnu le motif de cette étrange conduite. Elie, homme d'expérience, n'aurait fait, d'après lui, qu'agir par une nécessité de situation, *necessitate humana*. La crainte d'un rapt pieux n'était que trop justifiée par de nombreux précédents. La passion superstitieuse, depuis la quatrième croisade, pour les reliques et les nombreux et précieux ossements rapportés d'Orient, était alors poussée à son paroxysme. Les pouvoirs publics, non plus que les particuliers, ne reculaient pas toujours devant les violences criminelles pour s'en procurer. « On voulut, dit le docteur Lemp, éviter un coup de main de la foule... de gens accourus de toutes parts qui tous voulaient voir le corps du saint et, si possible, en emporter des morceaux... Déjà, le trafic en avait commencé ; ne lui avait-on pas, avant l'ensevelissement, coupé ou arraché des cheveux pour les conserver ou les donner ? » Une chronique contemporaine énumère les reliques du Saint déjà apportées en Allemagne par le Frère Giordano de Giano.

A la suite de cet incident, la réunion du chapitre général fut très orageuse. Violemment attaqué, Frère Elie se défendit violemment. La lutte, qui devait continuer si longtemps, entre les adeptes fidèles du pur idéal, la plupart simples moines ou laïques du tiers-ordre, et les partisans de l'organisation traditionnelle, presque tous prêtres et prélats, l'aristocratie intellectuelle de la confrérie, était décidément ouverte. Dans l'impossibilité de s'entendre, on en référa au Pape. Après un blâme apparent adressé aux magistrats d'Assise, Grégoire IX, confiant encore, finit par donner raison à Elie et à son parti (28 septembre 1230). Dès lors, Elie plus libre d'agir à sa guise, sans tenir aucun compte de son chef, le trop longanime et pacifique Parenti, poussa les travaux de construction, basilique et couvent, avec une opiniâtreté surprenante. Il put faire mieux encore, après le chapitre général de 1232. Le jour de l'élection, il fit envahir la salle des séances par ses partisans, qui le placèrent de force sur le siège du général en l'acclamant bruyamment. Le pauvre Parenti, tremblant de tous ses membres, fondant en larmes, ne put que se dépouiller de ses insignes et donner sa démission. L'affaire, portée encore à Rome, en revint avec la décision ordinaire. Elie fut, officiellement, déclaré chef de l'ordre. Dans cette fonction supérieure, il rendit à l'ordre nouveau d'immenses services comme savant organisateur des missions internationales, comme infatigable propagateur des fondations conventuelles et des constructions ecclésiastiques dans toute l'Europe. Mais, en même temps, rompant avec tous les exemples et les préceptes du maître, il reprit, avec orgueil et violence, toutes les façons d'agir autoritaires, toutes les habitudes de train luxueux et de relations mondaines, dont les excès, chez les prélats féodaux, avaient naguère suscité partout, avec le besoin de réformes, tant d'hérésies et de discordes, préparé et justifié les libres prédications de saint François. Les zélateurs, les anciens compagnons du Saint, furent violentés et incarcérés. L'un d'eux, l'Allemand Césaire de Spire, mourut sous les coups de son geôlier. Despote aussi absolu qu'intolérant, Elie ne réunit plus jamais le chapitre général, qui aurait dû être consulté tous les ans. Bientôt, sa vie privée excita les mêmes scandales et les mêmes perturbations que sa vie publique. A Assise et à Cortone, il s'était fait bâtir ou décorer de superbes appartements et des écuries où il entretenait plusieurs chevaux de selle ; il ne mangeait plus au réfectoire commun ; il s'était attaché un cuisinier fameux et se faisait servir par des pages, passait même pour s'occuper d'alchimie. En arriviste prévoyant, le protégé du Saint-Siège s'était, de bonne heure, assuré l'amitié de l'empereur Frédéric II en même temps que celle de Grégoire IX. Les plaintes qui ne cessaient de s'élever contre ce singulier disciple du nouveau Christ devinrent à la fin si bruyantes et multipliées que le Pape y dut prêter l'oreille. Le général fut mandé à Rome. « Elie, pour se justifier, allégua une raison extraordinaire. Le supérieur de l'ordre soutint qu'il n'était pas tenu d'en observer la règle ! Il n'avait jamais promis, disait-il, d'obéir à la règle de 1223. » Nous avons vu, en effet, comment, sur le Monte Colombo, il avait présenté au Saint en extase les prélats protestant d'avance contre l'austérité de cette règle ; il avait donc fait cause commune avec eux, mais par quelle restriction mentale ! Cette fois, devant le soulèvement général, Grégoire IX dut abandonner son allié. Élie fut relevé de sa charge au chapitre général de Home, durant les fêtes de la Pentecôte, en 1239.

Le ministre général conservait, néanmoins, dans sa disgrâce, ses fonctions comme directeur et conservateur de la Basilique d'Assise ; il restait le *dominus et custos ecclesiæ Sancti Francisci Assisiatis*. Il semble même qu'à son retour de Rome, il ait voulu, par un surcroît de pieuse activité et l'apparence d'une soumission résignée, se préparer un retour de faveur. En même temps qu'il poussait les travaux de l'église, il faisait montre, par des actes extérieurs, d'un repentir sincère et d'une pénitence effective. Humblement vêtu, laissant croître sa barbe et ses cheveux, il passait de longues heures en prière. Le peuple en était touché ; nobles et bourgeois s'apitoyaient. Le Pape, heureux de cette conversion, se disposait à lui pardonner, lorsqu'on apprit tout à coup qu'il était allé offrir ses services à l'Empereur, récemment excommunié, en lutte armée avec Rome. Le bon Frère Egide, malgré ses ressentiments, ne put cacher sa désillusion et retenir sa douleur ; à cette stupéfiante nouvelle, il se prosterna, la face contre terre, fondant en larmes. Le Pape dut excommunier Elie. Frédéric y répondit par un manifeste, daté de son camp, en l'honneur du transfuge ; il se l'attacha comme conseiller et, dit-on, comme ingénieur dans la campagne qu'il menait en Romagne. Quelque temps après, il l'envoya comme ambassadeur auprès du Pape lui-même, puis en Orient, auprès de l'Empereur grec et du roi de Chypre. Quand Elie, comblé d'honneurs, revint en Italie, à Cortone, où il avait séjourné souvent et fixé sa résidence, il y apporta, comme gage de sa piété et présent de bienvenue, une quantité de reliques. La plus précieuse était un morceau de la vraie Croix, qu'il donna, dans un magnifique reliquaire d'ivoire byzantin, à l'une des églises ; on peut l'y voir encore. La ville, en reconnaissance, lui offrit, quelques années après, en 1245 et 1246, des terrains où l'infatigable lutteur, suivi par une douzaine de fidèles, édifia une nouvelle église et un nouveau couvent.

III

Frère Elie, on le voit, fut assurément l'initiateur, l'inspirateur, le surveillant, actif et passionné, des constructions franciscaines à Assise, basilique et couvent. Fut-il plus encore ? Son rôle personnel dans l'évolution de l'architecture chrétienne en Italie a-t-il une importance supérieure à celle d'un promoteur intelligent et d'un collaborateur administratif ? A toutes ses qualités intellectuelles et organisatrices joignit-il la science technique ? Bref, fut-il l'architecte de la Basilique ? MM. Sabatier et Lemp seraient disposés à le croire. La supposition, si hardie qu'elle semble, n'aurait, en soi, rien d'invraisemblable. Aux XIe, XIIe et XIIIe siècles, cette multiplicité d'aptitudes et de connaissances n'est point rare dans le monde ecclésiastique. Frère Élie, après sa déchéance, semble bien, en effet, d'après les chroniqueurs, avoir rempli près du César excommunié, Frédéric II, les fonctions d'ingénieur militaire, aux sièges de Crémone et de Faenza. Néanmoins, pour affirmer son rôle d'architecte à Assise, il faudrait quelques preuves. Or, ces preuves font défaut. Les documents, conformes aux traditions, semblent, au contraire, bien établir qu'à côté de lui, avant et durant son généralat (1228-1239), il y eut toujours quelque professionnel, un ou plusieurs maîtres d'œuvre. Quel fut donc, ou quels furent ces premiers artistes ? Lequel surtout, constructeur habile autant que novateur hardi, après avoir dressé le plan général des sanctuaires superposés, sut mener si vivement les travaux que l'église inférieure put être inaugurée au bout de deux ans et l'église supérieure sans doute amorcée suivant les règles du style ogival ? Est-ce un Italien ? Est-ce un Allemand ? Est-ce un Français ? La question, souvent débattue, parfois obscurcie par l'intervention inopportune des préjugés ou vanités patriotiques, n'a point, vraiment, grande importance » si l'on veut bien se rappeler que l'internationalisme, au Moyen âge, dirige, dans le domaine religieux, toutes les évolutions de l'art autant que celles de la pensée.

En fait, depuis que les investigations précises et les recherches érudites et techniques de M. Enlart ont confirmé les pressentiments et les indications de Schnaase et de M. Thode, la Basilique d'Assise ne saurait plus prétendre à la primauté comme église de style gothique en Italie. Sur divers points de la péninsule, des moines de Citeaux étaient déjà venus élever des constructions d'un style bourguignon si franc et si pur qu'ils s'y pouvaient croire dans leur pays natal. Plusieurs de ces églises le leur rappelaient même par ce nom vénéré de Clairvaux ; c'étaient Chiaravalle près de Milan, Chiaravalle della Colomba, près de Plaisance, Chiaravalle da Cotignola, entre Ancone et Sinigaglia, quelques-unes fondées au XIIe siècle. La plus importante, celle de Fossanava, reconstruite de 1187 à 1208, entretenait un *studium artium*, une école des Sciences et Arts, qui fournissait à la contrée des artistes et des ouvriers travaillant dans le goût français. La grande abbaye de Casamari, « dont l'architecture paraît plus avancée, » était achevée en 1217, et son constructeur, Magister Johannes, se transportait aussitôt à San Galgano, près de Sienne, où il érigeait, dans les mêmes données, l'admirable église dont les ruines imposantes nous émeuvent les yeux et le cœur, comme celles de notre pays. C'est de San Galgano qu'allaient sortir les moines constructeurs de la cathédrale de Sienne. Dans les Marches, en Lombardie, en Piémont, même activité des Cisterciens et de leurs disciples ou imitateurs. Dans la Pouille et en Sicile, Frédéric II et ses ingénieurs français ramenés de Chypre accélèrent la transformation architecturale en introduisant des éléments gothiques dans toutes leurs bâtisses, forteresses, palais, églises. Presque partout, de côté et d'autre, le mouvement se décidait en faveur de l'architecture septentrionale, lorsque Frère Elie commanda, inspira, choisit les plans pour l'édifice grandiose que méditaient ses ambitions, et qui allait remplacer au flanc du Subasio la modeste chapelle, dédiée à la Vierge, et commencée, dit-on, par lui du vivant de François. On achevait en ce moment même, parmi d'autres édifices voisins, la cathédrale de Lanciano qui offre de nombreux rapports avec la Basilique.

En donnant au nouveau temple ses magnifiques proportions, Élie trahissait, ouvertement et scandaleusement, la pensée bien connue et les suprêmes instructions de son maître. Peut-être crut-il s'assurer son pardon d'outre-tombe en imitant, du moins, les nobles sanctuaires qu'ils avaient ensemble admirés en Provence et en Palestine et dont l'élan hardi vers les hauteurs répondait si bien, pour l'un, l'idéaliste, à celui de ses extases mystiques, pour l'autre, l'homme d'action et l'ambitieux avisé, à celui de ses aspirations dominatrices et de cette intelligence pratique avec laquelle il prévoyait l'action qu'allait exercer, sur l'imagination et dans le cœur des populations dévotes, l'édifiante et sublime beauté de ces nouvelles formes esthétiques.

D'après Vasari, c'est à la suite de longues réflexions qu'on aurait appelé un homme du Nord, Jacopo Tedesco, Jacques l'Allemand, « comme le meilleur architecte de tous ceux qu'on pouvait trouver à cette époque. » Le plan général, dressé par lui, aurait comporté les trois étages de sanctuaires, crypte sépulcrale, nef inférieure, nef supérieure. Mais Vasari est sujet à caution ! Il est possible que, cette fois encore, il se soit contenté de nous transmettre une tradition locale sans plus ample informé. De son temps même, un pieux historien de la religion séraphique, Rodolphus, recueillant des renseignements identiques, nous assure n'avoir pu trouver de preuves écrites. Les a-t-il bien cherchées ? Ces pièces lui auraient-elles échappé ? Voici que, bien plus tard, en 1704, un auteur scrupuleux, le Père Angeli, de Rivo Torto, dans son *Collis Paridisi* ayant dépouillé les archives d'Assise, confirme, au contraire, les assertions du Florentin en termes explicites. D'après lui, Jacques l'Allemand n'aurait pas été appelé seul à Assise. On y aurait, suivant la procédure en usage dans les républiques italiennes, convoqué avec lui d'autres architectes et experts. Or, parmi ceux-ci, se rencontre, « jeune encore, attiré par sa dévotion, *Philippus de Campello* (sic) qui, plus tard, entra dans l'ordre et fut établi directeur de l'œuvre après le dit Jacobus. » L'affirmation est précise, elle établit nettement l'importance et la durée du rôle joué par ce Campello, sinon dans les premiers travaux, au moins dans leur poursuite et, peut-être, leur achèvement. Adjoint, dès la première séance, au jury des experts, il devient, quelques années après, collaborateur, puis successeur de son âme, son chef ou maître. Or, nous le retrouvons encore, en 1253, *Magister Operæ*, toujours directeur de ce grand travail auquel il se consacre depuis vingt-cinq ans. Dans ce cas, nulle difficulté pour comprendre l'unité harmonique de la conception générale, unité si frappante encore, si fortement impressionnante, malgré tant d'additions, modifications, altérations apportées, dans la suite des temps, à l'austère et simple gravité du plan primitif.

L'histoire chronologique de ces transformations matérielles, étudiée sur place par MM. Thode et Venturi, s'oppose-t-elle à la vraisemblance de la tradition ? Nullement, semble-t-il. En 1230, lors de la translation clandestine et nocturne des reliques et de la cérémonie publique et tumultueuse qui suivit, l'église inférieure était achevée, au moins dans son gros œuvre. C'était une véritable crypte, aussi large et aussi longue que la nef supérieure dont elle devait être le support, comme celle de notre Saint-Gilles en Provence, mais réduite à trois travées. Ces trois travées, voûtées d'arêtes rectangulaires, étaient séparées l'une de l'autre par des arcs en plein cintre retombant droit sur d'énormes piliers, trapus et massifs, formés par trois segments de colonnes, sans base et sans décor. Peu d'éclairage encore par quelques étroites lucarnes, ménagées dans la masse continue des murs latéraux, suivant l'usage roman, et la lueur lointaine répandue, au fond, par les fenêtres d'un court transept et d'une abside circulaire. De quelle impression grave et lugubre cette nef obscure, surbaissée, lourde, écrasante, devait-elle étreindre, plus encore qu'aujourd'hui, les pèlerins terrifiés ! « *Luogo veramente cimiteriale*, dit M. Venturi, tant qu'il ne reçut point de lumière plus directe par l'ouverture des chapelles latérales. » Combien d'années s'écoulèrent avant que le plan primitif fût ainsi modifié ? Après la disparition d'Elie, ses successeurs au généralat Fra Alberto, pisan, Fra Hay, anglais, Fra Crescenzio, de Jesi, Fra Giovanni, parmesan, de 1240 à 1257, furent tous des zelanti convaincus. Comment eussent-ils pensé à des embellissements et agrandissements si contraires à leurs principes ? Il n'est guère plus probable que saint Bonaventure, après eux (1257-1274) ; l'inspirateur du décret rigoureux de Narbonne, malgré la liberté de son imagination poétique et de sa sensibilité pittoresque, ait voulu donner lui-même un démenti à des principes de simplicité publiquement affirmés par lui dans une forme si impérative et comminatoire.

Sauf la juxtaposition d'un clocher, accoté, il est vrai, à l'église, mais sans y être incorporé, en 1257, on peut donc croire que l'aspect général des deux basiliques, basse et haute, terminées dans leur structure en 1253, lors de la consécration par Innocent IV, ne se modifia guère avant le généralat de Fra Girolamo d'Ascoli (1274-1279) plus tard devenu le pape Nicolas IV (1288). Celui-ci était à la fois franciscain enthousiaste et pontife tolérant. C'est sous son pontificat, par son ordre, que les images de saint François d'Assise et de saint Antoine de Padoue s'enhardissent, dans les basiliques romaines, à se dresser auprès des images divines de la

Vierge et du Christ. La Basilique-mère ne pouvait donc lui être indifférente. Aussi ne cessa-t-il d'en presser l'agrandissement et l'embellissement exigés d'ailleurs par l'incroyable multiplication des fidèles et l'évolution du goût public, au moyen de dons personnels, concessions d'indulgences et privilèges, autorisations de quêtes, etc.

Sur les flancs de la crypte obscure, crevant les épaisses murailles, dans chaque travée, s'ouvrirent six chapelles mieux éclairées. La lourde nef elle-même s'allongea, sur le devant, d'une quatrième travée et d'un transept d'entrée formant atrium, avec porte latérale sur la terrasse du cloître. Le transept absidal, en même temps agrandi, étendait de chaque côté ses deux longs bras sous des lueurs plus abondantes. L'église supérieure, la merveille originale de l'édifice, heureusement, ne fut point touchée ; avec l'harmonie fière et vive de sa franche et lumineuse poussée, elle conserva, sous ses verrières peintes, la pureté de ses formes. Le contraste reste toujours frappant, toujours émouvant. On peut même douter, à première vue, de l'unité d'un plan d'ensemble établi par un même artiste. Cependant, l'accord parfait entre les deux étages, la rapidité avec laquelle ils furent superposés, autorisent à le croire. N'est-ce point, chez nous, le cas, pour quelques-unes de nos plus belles églises de transition à la fin du XIIe siècle ? L'ogive et le cintre s'y superposent et s'y associent parfois dans la même nef. Ici, au contraire, les deux styles se développent séparément, individuellement, sans se confondre. Donc, probablement, un plan unique, et, probablement aussi, deux constructeurs, l'un, l'aîné, restant plus attaché aux pratiques anciennes, l'autre, le jeune, mieux informé des doctrines récentes.

Est-il bien nécessaire, à ce sujet, de prolonger une discussion sur la personnalité des artistes auxquels peut revenir l'honneur d'avoir inauguré le travail, de l'avoir continué ou de l'avoir achevé ? A ceux de l'incertain Jacopo Tedesco, de Frère Elie, de Fra Filippo de Campello, M. Venturi, dont la curiosité savante et l'ingéniosité critique ne reculent devant aucune hardiesse d'investigations, d'analyses et déductions, vient d'ajouter un nouveau nom, celui de Fra Giovanni délia Penna. D'après lui, ce moine serait venu des Abruzzes, où s'était répandu le style cistercien, ce qui expliquerait « le caractère français de la basilique supérieure. »

Cette candidature inattendue a soulevé, dans la presse et dans l'érudition italiennes, une tempête qui dure encore et ne semble point vouloir s'apaiser. L'adversaire le plus opiniâtre de M. Venturi, le mieux armé, semble-t-il, est un franciscain, le Père Giusti. Tous les deux poursuivent, depuis un an, leur campagne acharnée avec la même ardeur de conviction. Nous n'avons nulle compétence pour nous mêler à cette lutte d'érudits. Ce qui nous semble, à nous profane, résulter de la bataille, d'après les documents projectiles échangés par les combattants, ce sont deux faits. D'une part, en 1238, près de Foligno, dans le couvent de Sassovivo, travaille, sous les ordres de Frère Elie, un moine-ingénieur, Fra Giovanni della Penna, nommé, en même temps que Fra Filippo di Campello, dans un bref de Grégoire IX, qui prie son supérieur de lui laisser achever un aqueduc commencé. D'autre part, à la même époque, il y a deux frères du même nom dans l'ordre mineur. Le plus connu, disciple de saint François dès 1215, adjoint, dès 1216, à la mission en Provence, paraît, sauf quelque apparition aux chapitres annuels d'Assise, avoir séjourné en France vingt-cinq ans. Il n'en revient qu'en 1241, pour gouverner différents monastères dans les Marches, et s'éteint, dans sa bourgade natale, chargé d'années, en odeur de sainteté, en 1271. C'est un continuateur vénéré de saint François, abondant, comme lui, en visions mystiques. Le second, sorti du même pays, non moins estimé par l'Homme de Dieu, fut, à la même époque, en 1216, chargé d'évangéliser l'Allemagne, mais n'y eut aucun succès. Chassé par les persécuteurs, il dut rentrer bientôt en Italie, qu'il ne paraît plus avoir quittée. Ce serait, d'après le Père Giusli, l'architecte désigné par le Pape. En tout cas, que ce soit l'un ou l'autre, son apparition n'est signalée qu'assez tardivement, au moment où l'édifice devait être déjà fort avancé. Que ce soit l'un ou l'autre, son séjour, plus ou moins long, en France ou en Allemagne l'avait mis au courant de l'évolution architecturale, déjà accomplie d'un côté du Rhin et déjà commencée de l'autre. Sauf présentation de nouveaux documents, concluants et irrésistibles, réservons donc, en bonne partie, notre reconnaissance à ce Fra Filippo di Campello, que nous retrouvons, dès lors et pendant longtemps, possédant toujours la confiance de ses compatriotes et de ses confrères. C'est lui qu'ils chargeront encore, en 1257, d'édifier une église en l'honneur de la compagne spirituelle et collaboratrice ardente de saint François, sainte Claire. La construction était presque terminée et consacrée huit ans plus tard. « C'est une imitation fidèle, dit M. Thode, de son église supérieure d'Assise. »

Quelles que soient les origines et la nationalité des inspirateurs et des exécutants qui ont conduit la besogne, l'œuvre est là, toujours superbe, solide, vivante, éloquente, parlant pour eux. Si souvent, si longtemps qu'on la revoie, on y éprouve toujours les mêmes impressions, on s'y sent affermi dans les mêmes réflexions. Les trois éléments, dont le mélange, en des proportions et par des combinaisons diverses, vont se retrouver dans tous les édifices de la première Renaissance, dite gothique, durant les XIIIe et XIVe siècles, se trouvent déjà juxtaposés ici. Dans l'église inférieure, c'est encore la vieille tradition latine et romane, la tradition indigène qui, malgré tout, persistera en Italie, sous l'enveloppe adventice et passagère du décor gothique, pour reprendre au XVe siècle son autorité par le triomphe de l'humanisme. Dans l'église supérieure, c'est hardiment et franchement, à l'intérieur, pour la première fois peut-être, et presque pour une seule fois, l'adoption quasi complète de l'innovation française et son adaptation, par l'étendue des murailles offertes aux images de plate-peinture, au goût local pour les représentations colorées. Çà et là, dans quelques détails de moulures et sculptures, on pressent bien déjà quelque imitation d'antiquités gréco-romaines, mais timide encore, libre, maladroite, ne ressemblant en rien à cette contrefaçon passionnée et soumise, scolaire, servile, qui deviendra plus tard l'orgueil et la perte de la Renaissance classique.

En somme, dans chacun des deux sanctuaires, des émotions très diverses, mais aussi vives, intenses, inoubliables. En bas, d'abord, un saisissement de terreur sacrée, sous une menace d'écrasement, dans une demi-obscurité, froide et muette, comme si, de nouveau, l'ancienne montagne des supplices, la *Collis Inferni*, allait se rouvrir sous nos pas pour nous plonger aux géhennes souterraines ; puis, après ces quelques instants d'angoisses, un réveil de conscience vitale et de multiples espérances, sous les jaillissements latéraux des lueurs éparses, et la retombée lointaine, au-dessus du maître-autel, d'une plus large lumière, où frémissent toutes sortes d'apparitions multicolores, angéliques ou humaines, graves ou souriantes, saints et saintes, se pressant le long des parois peintes, s'élevant sous les courbures des voûtes. En haut, au contraire, après l'ascension par les escaliers extérieurs des terrasses ou la vis intérieure des tourelles, dans la belle nef inondée de clarté, comme nos Saintes-Chapelles, c'est, tout à coup, sous l'élan joyeux des frôles colonnettes et des voûtes légères, une délicieuse, une indicible exaltation de paix rafraîchissante, de tranquille extase, d'aspirations sereines. Et là, ce double sentiment de ferme retour à la vie présente et de confiance infinie dans la vie future se trouve singulièrement fortifié par la virilité active des acteurs réels de l'épopée franciscaine, tels que les a évoqués Giotto, à hauteur de l'œil, et par la majesté encore imposante des acteurs surnaturels des tragédies évangéliques et bibliques tels que les vieux maîtres de Byzance, Rome, Sienne, Florence les fixèrent pieusement sous les voûtes. Là, vraiment, nous nous sentons bien sur la *Collis Paradisi*, d'où les croyants peuvent apercevoir, déjà proche, presque ouvert, prêt à les accueillir, le séjour céleste.

IV

Telle qu'elle était, lorsqu'elle jaillit de terre, la Basilique apparut comme un modèle inspirateur pour les innombrables églises et chapelles dont la propagation rapide de l'ordre des Mineurs allait peupler les grandes et les petites villes d'Italie. Le style du Nord, le style français, jusqu'alors importé, çà et là, dans quelques retraites isolées, par des moines bourguignons, désormais sanctifié par la mémoire du Saint, devenait tout à coup le style obligatoire du nouvel idéal religieux. N'était-ce pas, d'ailleurs, celui que le *Poverello* avait, lui-même, choisi de son vivant, comme l'expression la plus naturelle de ses hautes et pures aspirations ? Rien de plus intéressant que les pages dans lesquelles M. Thode semble l'avoir nettement prouvé.

Sur ce point encore, le fils du négociant cosmopolite, du gros Bernard (Bernardone) et de la noble provençale, l'aimable Pica, avait justifié l'atavisme maternel et l'éducation paternelle. Ce nom de Francesco (le Français) jusqu'alors inconnu en Italie comme prénom, ne lui avait-il pas été donné par Bernardone au retour d'un de ses voyages d'affaires au-delà des monts, en souvenir du doux pays où il avait trouvé grosse fortune, bons amis, tendre épouse ? Enfant, n'avait-il pas été bercé par des cantilènes provençales, puis adolescent, exalté et charmé par les belles légendes chevaleresques que lui contait son père ou que récitaient, sur les places d'Assise, les trouvères pèlerins et les jongleurs nomades, en route vers la ville éternelle ? Langue d'oc ou langue d'oïl, il semble qu'il en fut nourri, car on l'entendra, toute sa vie, dans ses grandes crises de joie ou de douleur, s'exprimer en cette langue. Lorsqu'il s'exerce à la mendicité, la première fois, sur le parvis de Saint-Pierre à Rome, c'est en français qu'il s'adresse aux pèlerins cosmopolites. Vient-il de rompre, dans une scène violente, avec sa famille et avec le monde, pour se consacrer tout entier à Jésus et à l'humanité, lorsqu'il s'enfuit dans les bois et qu'il y entonne l'hymne de délivrance, c'est en français qu'il chante, *francigena lingua*, qu'il attire vers lui des brigands qui le dépouillent et le jettent, nu, dans un fossé plein de neige. Quelque temps après, lorsqu'il hésite, d'abord, à monter dans une salle où boivent et jouent d'anciens amis, pour y quêter de quoi alimenter les lampes d'un sanctuaire, lorsque, vainqueur enfin de tout respect humain, il se décide à se présenter, c'est en français qu'il les implore. « Chaque fois, nous dit Celano, qu'il était rempli du Saint-Esprit, c'était un jaillissement de paroles ardentes en langue française, *ardentia verba foris eructans gallice loquebatur.* » Et Frère Léon ajoute : « Souvent, lorsqu'il sentait en lui bouillonner une très douce mélodie, il lançait un chant français, et par la grâce du murmure divin que percevaient ses oreilles, éclatait en gaîté française, *gallicum irrumpebat in jubilum.* Quelquefois même, il ramassait à terre quelque morceau de bois et, le tenant haut du bras gauche, à la façon d'une corde d'arc, tirait dessus une autre branche, comme sur une viole et, faisant tours ou gestes de circonstance, chantait en français le Seigneur Jésus, *gallice cantabat.* »

Peut-on s'étonner alors que, dès les premiers jours de sa conversion, lorsque pour s'endurcir aux travaux manuels, à la souffrance du pauvre, il réparait, de ses mains, les vieux sanctuaires en ruines, il y ait marqué déjà son goût pour ce décor ogival dont il avait pu rencontrer tant d'exemples aux environs avant d'en voir de plus nombreux en Provence et en Palestine ! « D'où vient, dit M. Thode, que ces trois églises (Saint-Damien, Saint-Pierre, Sainte-Marie de la Portiuncule) nous fassent voir précisément des particularités architectoniques qui n'ont aucun rapport avec l'art italien précédent, et se rattachent au style français ? » Or, à mesure qu'il avance en âge, l'homme de Dieu se confirme dans son admiration pour la simplicité, claire et grave, de l'art cistercien. L'ancienne chapelle que François s'est bâtie de ses mains sur le mont Alvernia (le mont des stigmates) nous offre encore cette forme toute française, qui reparaît également dans une des petites cellules de son lieu préféré, le *Carceri* ! Que conclure de tous ces faits ? M. Thode n'hésite pas : « François, en même temps qu'il devait à la France son nom et l'un des éléments de sa nature, lui a dû aussi la connaissance d'un type particulier de constructions et la capacité de le reproduire. » Par l'analyse technique, très détaillée et très attentive, que fait, ensuite, le savant archéologue, des parties anciennes de ces édifices, il y retrouve, en effet, nombre de motifs courants dans les églises provençales du XIIIe siècle.

Du vivant même de François, cette influence septentrionale dite plus tard, par dérision et mépris, « gothique, » put donc se révéler déjà, au moins pour quelques détails, dans les premiers établissements, très humbles, des Frères Mineurs, disséminés çà et là. Presque rien, aujourd'hui, ne subsiste de ces abris, modestes et provisoires, tôt ou tard remplacés, aux XIIIe et XIVe siècles, par des constructions plus vastes et mieux ornées. Mais, après la canonisation du Saint et l'édification de sa Basilique, c'est, de tous côtés, avec une rapidité merveilleuse, que s'élèvent, soit en son honneur, soit en celui de saint Dominique, par une émulation passionnée des congrégations, des populations, des pouvoirs publics, démocratiques ou seigneuriaux, les églises nouvelles, grandes ou petites. Or, presque toutes sont conçues ou décorées dans le goût nouveau qui gagne à la fois clercs et laïques et se manifeste par contagion, dans les monuments civils et profanes, autant que dans les constructions ecclésiastiques.

Les Dominicains, dans cette concurrence, mieux organisés, recrutés d'ordinaire en des milieux plus cultivés, ne se laissent point devancer par les Franciscains. Depuis l'accolade fraternelle que leurs deux fondateurs s'étaient donnée à Rome, sur le parvis de Saint-Pierre, au sortir de l'audience pontificale où l'aîné, Dominique, le docteur militant, s'était senti touché, dépassé, vaincu par la foi simple et chaleureuse du jeune et naïf rêveur, le petit pauvre François, c'est dans un sincère accord qu'ils avaient tous deux travaillé, sous l'œil vigilant de Rome, à la reconstruction de la vieille

Eglise chancelante. L'émulation entre leurs disciples, les prêcheurs et les mendiants, continuera, visiblement et officiellement, durant plusieurs siècles, non sans quelques troubles passagers de jalousies et de taquineries qu'expliquent de reste les diversités d'occupations, habitudes et tendances. Néanmoins, au fond, l'accord moral et intellectuel répond trop à des nécessités sociales et religieuses pour qu'il soit jamais sérieusement compromis. On verra donc, non sans surprise, que si l'inspiration de nature et de vérité qui va ranimer, transformer, développer tous les arts, reste essentiellement franciscaine, c'est, le plus souvent, par l'intervention technique des Dominicains que cette inspiration trouve ses expressions les plus décisives et les plus complètes. Les artistes supérieurs, dans tous les genres, abondent chez les prêcheurs, tandis qu'ils sont plus rares chez les mineurs. Ce sera surtout par deux dominicains, au XIIIe siècle Fra Guglielmo, l'auteur des bas-reliefs de l'Arca, à Bologne, et au XVe siècle Fra Angelico, à Florence que l'âme de François d'Assise se révélera d'abord dans la sculpture et se fixera, ensuite, dans la peinture.

Pour le moment, les uns et les autres déploient, côte à côte, la même activité architecturale. Dans toutes les villes où ils s'installent, suivant les circonstances, par leurs soins ou par leurs mains, les vieux édifices se rhabillent ou les nouveaux se construisent à la mode nouvelle. Il va sans dire qu'en s'implantant sur ce sol étranger, la plante septentrionale n'y peut grandir et fructifier qu'à la condition de s'y soumettre aux habitudes et aux exigences locales de climats, de traditions, de mœurs. C'est la loi nécessaire et fatale, heureuse et féconde, de toutes les évolutions imaginatives et techniques par l'importation d'un art extérieur. Pourquoi donc s'étonner et se scandaliser que les Italiens, en s'inspirant des architectures française et germanique, ne se soient pas contenues d'en reproduire exactement et servilement les chefs-d'œuvre ? Il faudrait donc aussi s'étonner et se scandaliser, comme on l'a fait, hélas ! trop longtemps, que les artistes de France et des Flandres, un peu plus tard, ne se soient pas bornés et condamnés jusqu'à nos jours à copier, pasticher, contrefaire, inutilement et platement, leurs maîtres d'Italie.

La Basilique d'Assise elle-même témoignait déjà, en partie, d'une adaptation forcée aux habitudes indigènes. L'église d'en haut, claire et légère, pouvait bien sembler, à des pèlerins du Nord, une réapparition subite et ravissante, des nefs les plus simplement nobles de leurs Saintes-Chapelles. Mais le charme était d'autant plus grand qu'il était imprévu, car, à l'extérieur, leurs yeux avaient été, d'abord, plutôt déconcertés. Que dire de ces grandes masses de murailles, nues et sèches, soutenues, non par des contreforts ajourés, sveltes, ornés, mais par de hautes et lourdes tourelles en maçonneries ? Que penser de cette toiture, plate et basse, écrasée, en terrasse, remplaçant l'élan hardi des combles triangulaires accusant franchement l'ossature intérieure ? Comment ne pas reconnaître dans cette façade, unie et calme, avec la seule baie, ample et cintrée, de sa porte centrale, sans voussures, sans sculptures, sous le haut rayonnement d'une immense rose, l'imposante, la rude et austère majesté de l'architecture romane ? Comment, d'autre part, n'être point inquiet devant l'apparente fragilité du fronton découpé à vif et tranchant sur le ciel clair comme la pointe d'une aigrette en carton sec et mince ? Ne dirait-on pas déjà un de ces décors plaqués, sans lien avec l'édifice, qui pourront, en Italie, longtemps manquer aux églises inachevées sans qu'elles en semblent trop souffrir ? Et cet énorme clocher, non plus sans doute absolument isolé, ni aussi disproportionné et disgracieux par sa lourdeur et sa hauteur qu'on en voit ailleurs, avec quelle peine il s'est accolé au flanc de la bâtisse, sans se décider à s'y incorporer ! Toutes ces différences, en vérité, sont bien faites pour nous déclarer que nous ne sommes point en l'Ile-de-France et ne sommes même plus en Bourgogne.

Cependant, l'introduction, à l'intérieur, d'une ornementation sculptée et peinte plus abondante et plus variée soulevait d'incessantes protestations chez les *zelanti*, fidèles observateurs des doctrines de leur maître. Dès qu'ils sont représentés, au généralat, par l'un des leurs, des mesures sont vite prises pour rappeler les constructeurs et décorateurs à plus de simplicité. En 1260, saint Bonaventure, lui-même, doit faire édicter par le concile de Narbonne des statuts conformes aux principes cisterciens, en termes fort rigoureux : « Les églises ne doivent être voûtées qu'au-dessus du maître-autel et par autorisation spéciale. Elles ne doivent pas être transformées en objets de curiosité par l'ampleur des dimensions, l'abondance des sculptures, l'éclat des peintures. Il ne devra y avoir d'autres verrières peintes qu'à la fenêtre principale, derrière l'abside, avec les seules images du Christ en croix, de la Vierge, de saint François et de saint Antoine. Aucun tableau de prix sur les autels, ni ailleurs, et s'il y en a déjà, que les visiteurs provinciaux les fassent enlever. Aucune pièce d'orfèvrerie en or ou argent, si ce n'est le crucifix contenant les reliques, l'ostensoir et le calice, d'un travail simple, d'un poids ne dépassant pas 2 marcs et demi. » Tous les contrevenants à cette ordonnance rigoureuse devaient être sévèrement punis, au moins par le changement de résidence. C'était une réédition, presque aggravée, des instructions iconoclastiques prêchées inutilement autrefois par saint Bernard. C'était, si l'on s'y soumettait, la dévastation et la dégradation, par un pieux vandalisme, de tous les sanctuaires d'Italie, remplis, depuis des siècles, d'orfèvreries, d'autels, de tabernacles, de chaires sculptées, de mosaïques et de fresques. C'était entrer en lutte violente avec l'essor général du goût populaire, réveillé et surexcité par l'enthousiasme des Franciscains, la curiosité des Humanistes, l'activité, des sculpteurs pisans, des mosaïstes romains et florentins, qui, tous, affirmaient un amour irrésistible et croissant, pour les créations de la nature et les manifestations de la vie, pour la vérité et la beauté et pour leur expression par la poésie et par les arts. Les mœurs, comme toujours, furent, cette fois encore, plus fortes que les lois. Ces règlements draconiens furent, peut-être, appliqués, çà et là, dans quelques pays du Nord ; ils restèrent lettre morte en Italie. Saint François lui-même, par son tempérament de poète, de peintre, de musicien, par ses visions pittoresques, par ses prédications en paraboles vivantes et colorées, par son respect et sa tendresse pour les images du Christ et de la Vierge, avait trop bien, d'avance, encouragé l'exaltation imaginative de ses compatriotes pour que la grande masse des fidèles lui crût désobéir en se montrant moins sensible que lui aux interprétations humaines de la bonté et de la beauté divine.

Dès cette année même, à Bologne, près de l'église San Francesco, imitation de la Basilique d'Assise, qui allait devenir, à son tour, un modèle pour la Haute Italie, on élève, en violation de l'édit, un clocher isolé. Dans les nefs d'Assise même, les travaux des peintres de Pise, de Rome, de Florence, qui en faisaient les premiers foyers de l'art nouveau, ne semblent pas interrompus.

Le courant d'émancipation morale et intellectuelle, d'ambitions constructives et décoratives, est trop fort pour qu'on y puisse résister. L'émulation, avec la prospérité et les passions, grandit même à ce sujet, chaque jour, entre les communes rivales et jalouses, leurs démocraties turbulentes ou leurs seigneuries aristocratiques. Les nécessités politiques de popularité se joignent à la prodigieuse multiplication des fondations franciscaines et dominicaines pour accélérer, le mouvement. Guelfes et Gibelins, nobles et bourgeois, juristes et commerçants, peuple gras et peuple maigre, noirs et blancs, papistes et impérialistes, tous les partis, toutes les classes déploient la même ardeur à remplir et à embellir leurs villes, aussi bien par des monuments civiques que par des monuments religieux. C'est une véritable fièvre d'art nouveau, mélange d'idées médiévales et de traditions antiques, où domine souvent, dans l'esprit et dans l'aspect, l'influence septentrionale qui restera visible, avec les mêmes caractères, jusqu'à la fin du XIVe siècle, durant toute la période dite plus tard, par un injuste et ingrat mépris, période gothique.

Grâce aux descriptions attentives et aux analyses techniques des principaux édifices religieux données par MM. Thode et Enlart, il est désormais facile de suivre, chronologiquement, l'évolution de cette architecture transitoire, entre l'art du Moyen âge roman et l'art de la Renaissance classique. Suivant la région, suivant les villes, la mixture des habitudes nationales et celle des inspirations étrangères se présente sous les aspects les plus variés, à des doses fort inégales. En Toscane, en Ombrie, dans le voisinage du tombeau sacré, règne d'abord le type cistercien, le plus simple et le plus pur, conservant souvent encore la modeste toiture en charpente, avec une seule nef, plus ou moins vaste. Pour les églises voûtées, l'abbaye de San Galgano reste le grand modèle ; ce sont trois de ses moines qui se succèdent à Sienne, de 1259 à 1284, pour y diriger les travaux de la Cathédrale, comme maîtres d'œuvre. La maçonnerie extérieure, massive et rugueuse, de ces bâtisses hâtives restera souvent pauvre, sèche et nue, faute de l'enveloppe, luisante et luxueuse, en marbreries et en mosaïques polychromes, qui leur est destinée, suivant la mode toscane, mais qui n'a pu toujours être achevée ou même commencée, alors que l'intérieur a déjà reçu toute sa décoration picturale.

Dans l'Italie du Nord, dès la première heure, c'est avec plus de liberté et d'éclat que se fait l'alliance entre l'art gothique et l'art romano-byzantin. Les républiques universitaires et internationales, Bologne et Padoue, les républiques commerçantes et industrielles, Venise et Milan, se signalent par leurs efforts pour donner à l'architecture nouvelle une ampleur et des développements en rapport avec la richesse du pays et les goûts de ses habitants. Depuis longtemps, l'usage des voûtes était connu en Lombardie et l'emploi de la coupole fréquent en Vénétie. L'association de l'ogive septentrionale et du dôme oriental s'y produisit donc sans effort pour créer le type des églises de la Renaissance, en ajoutant à la vieille abside basilicale, autour du chœur, la couronne de chapelles rayonnantes empruntée aux types du Nord. « Système absolument propre au style français, » dit M. Thode, qu'on voit se former à Bologne, d'où il se répand en Emilie et Lombardie. A Venise, à Padoue, Trévise, Vicence, Vérone, dans presque toute la Vénétie, certains détails marquent le caractère spécial de cet art : par exemple, le nombre égal des voûtes dans la nef et dans les bas-côtés, les colonnes rondes au lieu de piliers polygonaux ou de faisceaux de colonnettes, et, dans les façades extérieures, l'emploi de la brique agrémentée par des ornements en marbre blanc. Partout, en somme, c'est l'instinct décoratif, le génie des colorations brillantes qui modifie, dans la mesure de ses besoins, les innovations introduites par l'architecture étrangère. Nulle part on ne pense à substituer, en son entier, l'organisme, si savant et si compliqué, de l'art gothique à l'organisme roman, traditionnel et éprouvé, plus simple et plus solide, plus résistant, dans les vastes plaines ou les hautes montagnes, aux assauts de l'orage, meilleur protecteur, au pays du soleil, contre les excès de lumière ou de chaleur.

C'est à la fin du XIIIe siècle et durant tout le XIVe que cette passion constructive et décorative atteint son paroxysme à tous les bouts de la Péninsule. L'enthousiasme des Républiques du Nord et du Centre se montre d'autant plus surexcité en ce moment, que Charles d'Anjou, le frère de saint Louis, appelé à Naples par la Papauté, y apporte tout le luxe et toute la libéralité de la Cour de France. Lui et ses successeurs, entourés de compatriotes, chevaliers, prélats, artistes, lettrés, y appellent, auprès d'eux, les plus grands artistes de l'Italie renaissante. Arnolfo di Cambio, Tino di Camaïno, Giotto, bien d'autres, vont se mettre à leur service et résideront à Naples plus ou moins longtemps, dans un milieu tout français. Il y a là, dans l'Italie méridionale, sous une impulsion monarchique, une production d'art international à laquelle ces promoteurs de l'art italien ne peuvent et ne veulent pas rester indifférents. Quoi d'étonnant à ce que, dans les sculptures, élégantes et presque attiques, du Florentin Arnolfo et dans celles du Siennois Tino di Camaïno qu'on a pu comparer, pour la grâce naïve et tendre de ses figurines légendaires, aux poétiques récits des *Fioretti*, et dans les dernières peintures ou sculptures de Giotto, on puisse ressaisir de singulières similitudes avec nos imagiers antérieurs ou contemporains ? Quoi d'étonnant encore à ce que, de leur côté, les républiques nationales, guelfes ou gibelines, aient voulu lutter avec l'envahisseur étranger et lutter entre elles pour la magnificence des édifices nécessaires à leur organisation politique comme à leur ferveur religieuse ? Le fait est qu'en quelques années, presque toutes les villes, grandes ou petites, de l'Italie centrale et septentrionale, dressent, à côté de leurs cathédrales, des palais publics, palais de la Commune ou de la Seigneurie, de la Police (du Podestat), de la Justice (della Ragione) où s'amalgament les mêmes éléments, romans et gothiques, avec une grandeur, une ampleur, une majesté souvent formidables. Et une variété infinie de combinaisons élégantes dans les formes, les décors, les couleurs qui étonne et réjouit les yeux sans jamais les lasser.

Assurément, si l'on remarque, çà et là, dans les monuments publics ou dans leurs dérivés, les palais de nobles familles ou de riches bourgeois, plus d'une parenté, pour les détails, avec nos édifices de France ou d'Allemagne, on n'en doit plus chercher l'origine dans les travaux des moines cisterciens, mais dans ceux des architectes de Lombardie, en rapports constants avec ceux de Bourgogne et de la région lyonnaise, et aussi avec ceux des ingénieurs du Nord, ramenés par Frédéric II de Chypre ou d'outre-monts, dont le plus célèbre est le champenois Chinard. Avant même que s'élevât la Basilique d'Assise, l'empereur cosmopolite avait donné droit de cité, dans ses États, à l'art gothique, sous sa forme religieuse. La cathédrale de Messine, renversée par les derniers tremblements de terre, datait de son règne. Un peu plus tard, il avait, plus ardemment encore, avec la liberté croissante de sa curiosité universelle, encouragé l'importation, sous sa forme civile, militaire et princière. La Pouille, où se dressait son château favori, Castel del Monte, imitation, pour l'ensemble, d'un castel français, les Abruzzes, la terre de Bari, la Campanie, où la Porte fortifiée de Capoue était une restitution, dans sa structure et dans ses sculptures, de l'art des Césars romains, n'étaient pas seules à montrer des exemples de sa protection intelligente et de son goût éclectique. La Toscane, où il avait fait construire, avec d'autres châteaux forts, celui de Prato dont la tradition attribue le plan à Nicolas de Pise, le Romagne, où les remparts de Faenza auraient été édifiés sur les plans du fameux Frère Elie, attestaient encore sa volonté et pouvaient inspirer ses partisans ou ses ennemis. C'est donc, de tous côtés, l'influence du Nord encouragée à la fois par l'humble visionnaire et l'orgueilleux despote.

Sur le terrain des Arts, en effet, malgré l'hostilité radicale que semble établir entre François et Frédéric la diversité des tempéraments et des intelligences, il se trouve que ces deux adversaires, l'idéaliste le plus candide et le réaliste le plus sceptique que le moyen âge ait connus, vont devenir, en commun, les promoteurs les plus actifs et les plus décisifs du grand mouvement de civilisation morale et savante, religieuse et philosophique, imaginative et intellectuelle d'où vont sortir le monde de la Renaissance et de la Réforme et celui des temps modernes. Chez les deux, mêmes origines internationales, franco-italienne et franco-tudesque, même éducation par la poésie chevaleresque et la poésie provençale, même sensibilité passionnée, tournant chez l'un à l'extase mystique et chez l'autre au dilettantisme voluptueux, et surtout, même admiration et même amour, très divers dans les conséquences et dans les expressions, mais aussi forts et sincères chez les deux, pour toute la nature vivante et tous les êtres, animés ou non, qui la peuplent et l'embellissent. Que cet amour pour la Vérité, pour la Beauté, pour l'Humanité se traduise chez l'un par une foi absolue dans la parole du Christ, chez l'autre par un doute incessant de curiosité scientifique ; chez l'un par une indicible reconnaissance pour le créateur de ces merveilles, chez l'autre par l'appétit de jouir et de posséder, chez l'un par un pieux débordement de tendresse et de charité, chez l'autre par une pratique réfléchie de tolérance et de générosité, il n'en suivra pas moins qu'ils se trouvent associés par cet amour pour donner, par leurs actes, leurs paroles, leurs légendes, à l'imagination et à l'intelligence italienne, la double impulsion dont les effets se prolongeront sans interruption jusqu'à nos jours. Quelle est l'âme italienne où ne survivent encore, se combattant parfois, s'associant souvent, se comprenant toujours, quelques restes, à la fois, de l'idéalisme franciscain et du positivisme impérial ?

II. SAINT FRANÇOIS ARTISTE. — LES PREMIERS PEINTRES DE LA BASILIQUE D'ASSISE. — GIOTTO ET LA LÉGENDE FRANCISCAINE

I

L'influence, indirecte et posthume, qu'exerça saint François d'Assise, avec une rapidité décisive et féconde, sur l'évolution des arts au XIIIe siècle, ne ressemble en rien à l'action, directe et immédiate, mais intermittente et souvent éphémère, par laquelle, avant lui, depuis Charlemagne, quelques hautes personnalités ecclésiastiques ou princières, avaient provoqué en Occident les premières tentatives d'une Renaissance, durant la période romane. Rien, chez l'humble prêcheur, heureux et joyeux de son ignorance salubre et de sa sensibilité naïve, rien de cette abondante culture, théologique et profane, de cette curiosité insatiable et encyclopédique, de ces connaissances techniques et pratiques, que l'on constate alors chez bon nombre d'évêques féodaux et d'abbés bénédictins. Rien qui rappelle chez lui les efforts personnels déployés pour encourager les rares artistes de leur temps, pour en susciter, instruire, former, en plus grand nombre, de plus habiles, par l'évêque de Milan, Angilbert, les abbés de Saint-Gall et Cluny, l'évêque d'Hildesheim, Bernhardt, les abbés Guillaume à Dijon, Didier au Mont Cassin, Suger à Saint-Denis, etc., tous amateurs et connaisseurs instruits par leurs études et par leurs voyages, quelques-uns même de véritables professionnels, sculpteurs, peintres, architectes. Il ressemble moins encore à ces chefs d'Etat, disposant des ressources publiques pour satisfaire les devoirs de leurs charges, les instincts de leur goût, les besoins de leur foi, par la restauration et l'imitation des monuments anciens, la construction et le décor d'édifices nouveaux religieux ou utilitaires, les papes, lettrés et militants, qui, depuis Pascal II jusqu'à Innocent III, n'ont cessé de relever et d'embellir Rome, les doges Orseolo de Venise, et surtout à son contemporain, l'autocrate polyglotte et dilettante, éclectique et libre penseur, son rival en popularité, l'empereur Frédéric II. S'il a pu et dû connaître les moines artistes et ouvriers des monastères cisterciens à Fossanova, Casamari, S. Galgano, il ne semble pas qu'il ait eu le loisir de leur demander et d'en recevoir des enseignements techniques.

S'il met en mouvement, avec une telle rapidité et un tel succès, les imaginations des artistes comme il a remué les âmes de la foule, c'est plutôt par contre-coup, par une suite d'actions réflexes prolongeant l'effet de sa parole et de sa pensée. Mais l'élan irrésistible que son enthousiasme, à la fois mystique et humain, idéaliste et naturaliste, imprime à l'activité des poètes, musiciens, architectes, sculpteurs, peintres, est d'autant plus fécond et durable, que cet élan n'est point celui d'un retour matériel à l'étude et la copie des œuvres antiques ou étrangères. Mais l'élan chaleureux et spontané de l'imagination, agitée et rajeunie par une intelligence nouvelle de la nature et de la vie, le seul élan fécond, vraiment et puissamment créateur. Par la libre pureté de la foi naïvement héroïque, avec laquelle il renouvelle et ravive la pensée évangélique, par l'admiration, affectueuse et passionnée, qu'il professe pour toutes les beautés du monde visible, par l'amour compatissant qu'il excite, autour de lui, pour toutes les misères et faiblesses de l'humanité souffrante, par toutes les séductions de son éloquence naturelle et imagée, de son tempérament de poète et d'artiste, il surexcite, sans y penser, d'innombrables inquiétudes et ambitions, morales, intellectuelles, littéraires, artistiques déjà réveillées, dans toutes les républiques italiennes, en même temps que l'activité politique, par la défaite de Barberousse et la paix de Constance.

Poète et artiste, François le fut, de cœur, d'esprit, de fait. Il est même, presque toujours, l'un et l'autre à la fois. Pour lui, la poésie est inséparable de la musique, inséparable aussi de l'image plastique et pittoresque. L'érudition moderne lui peut contester quelques-uns de ces célèbres chants d'amour en l'honneur du

Christ, d'une passion si tendre et si chaude qu'il n'y a presque rien d'égal dans le *Cantique des cantiques* ou les chansons provençales et siciliennes, *In foco amor mi mise... Amor, de caritate*, etc. Mais que ces vers ardents doivent ou non être restitués à son successeur et imitateur, le plus hardi et le plus original, Fra Jacopone da Todi, c'est bien son inspiration qui s'y continue et s'y développe. N'eussions-nous, d'ailleurs, que le *Cantique du Soleil*, dont la paternité ne saurait lui être contestée, nous devons voir en lui le premier grand poète de l'Italie en langue vulgaire, comme il fut en langue vulgaire son premier grand orateur.

Avant même que, sous cette inspiration, n'éclatât la floraison délicieuse et familière de tous ces cantiques, laudes, dialogues, mystères, jaillissant de l'âme populaire et qu'elle eût imprégné, pour toujours, d'un parfum spécial et unique, la poésie italienne, aussi bien la profane que la religieuse, la vieille poésie de l'Église, sa liturgie séculaire, s'en était déjà, presque aussitôt, ravivée et renouvelée. Par une communion immédiate avec l'âme de leur maître, si douloureusement émue aux seuls souvenirs de la passion divine, quelques-uns de ses premiers disciples avaient composé d'admirables chants. Ce sont ces poèmes fameux qui, sous le titre modeste de *Proses* (par opposition aux vers métriques), par les retentissements solennels de leurs rimes fortes et sonores tombant, à coups redoublés, dans les oreilles et dans les cœurs, depuis plus de six siècles, n'ont cessé d'y jeter les mêmes pitiés ou les mêmes effrois. C'est au premier chroniqueur de François, Thomas de Celano, que l'on doit le *Dies iræ, dies illa*, où le dégoût des vanités terrestres et l'attente angoissée de l'au-delà éclatent en si formidables accens. C'est son fidèle imitateur, Jacopone da Todi, qui donnera, quelques années après, le *Stabat Mater speciosa* et le *Stabat Mater dolorosa* où les joies et les douleurs de la Vierge Marie, au jour de la Nativité et au jour de la Passion, s'expriment successivement en des termes doux et caressants comme des baisers, graves et douloureux comme des sanglots.

Pour les disciples de François, comme pour lui-même, foi, poésie, musique, peinture ne font qu'un. L'accompagnement des notes jaillit de leur enthousiasme, avec les paroles, en même temps que le génie plastique et pittoresque de la race y éclate par les images solides et brillantes. Presque tous ces hymnes et cantiques offrent des suites de statues et peintures vivantes, que les artistes n'auront aucune peine à fixer, dans le marbre ou sur les murs, par le ciseau et le pinceau. C'est le même langage, ardent, net et coloré que celui du prêcheur populaire, en pleins champs ou sur les places publiques, qui remuait les foules par la justesse et la vivacité de ses paraboles spontanément empruntées au spectacle environnant des beautés naturelles, humaines, animales, végétales. C'est la même association spontanée d'exaltation, de tendresse, de mélodie, de coloris que dans le *Cantique du Soleil*, improvisé par le Saint, un jour de souffrance, sur la terrasse ensoleillée où l'avait recueilli la piété de sainte Claire. Et de quel exemple avait été pour les Franciscains l'effet immédiat produit par ce rappel triomphal à l'admiration et l'amour du monde terrestre en attendant les joies suprêmes du monde céleste ! N'avait-il pas suffi de l'entonner, ce chant, dans une salle du palais d'Assise, pour y rétablir la paix entre les partis hostiles, le pouvoir ecclésiastique et le pouvoir civil, en faisant pleurer d'une émotion commune l'Evêque et le Podestat ?

François légua donc à tous ses successeurs sa passion pour la poésie et la musique. Quant à lui, il ne les avait jamais séparées. Tout le long de sa vie, jusqu'à sa dernière heure, on l'entend chanter en français, en latin, en italien. Parmi les oiseaux, ses petits frères, ceux qu'il aime le plus sont les clairs et tendres mélodistes, les alouettes, chantres de l'aurore, les rossignols, chantres de la nuit. C'est pour les alouettes qu'il voudrait aller voir l'Empereur, lui demander l'institution d'un jour de fête, en hiver, en leur honneur et pour leur assurer leur nourriture. Ce sont les alouettes reconnaissantes qui, lors de son agonie, rompant avec leurs habitudes matinales, se réveillent, dans la nuit, pour venir, au-dessus de la cellule mortuaire, accompagner de leurs chants la montée vers le ciel de l'âme du Saint envolée. Quant aux rossignols, ce sont ses maîtres et modèles, dont il envie l'infatigable inspiration. Quel charmant duo entendit frère Léon dans cette belle nuit où le Saint, exalté par les harmonieuses roucoulades de l'un d'eux, s'enhardit à lui répondre, à lutter avec lui, à lui donner la réplique ! Tous deux, nous dit-on, vocalisèrent ainsi plusieurs heures durant, jusqu'à ce que François, épuisé, dût s'avouer vaincu par l'infatigable mélodiste. Lorsqu'il arrive au pied du pic de l'Alverna, et qu'il s'assied au pied d'un chêne, c'est par un concert d'oiseaux de toute espèce, arrivant de tous côtés, que l'endroit, où doit avoir lieu le miracle suprême, celui des stigmates, lui est formellement désigné. « Tous ces oiseaux chantaient, battaient des ailes, montraient tous grand festoiement et allégresse. Ils finirent par entourer tout à fait saint François, se posant les uns sur sa tête, les autres sur ses épaules, les autres sur ses bras, sur ses genoux, à ses pieds. Ce que voyant ses compagnons et le paysan, leur guide, saint François s'émerveilla et leur dit, tout réjoui : « Je crois, mes très chers frères, qu'il plaît à Notre-Seigneur que nous habitions sur ce mont solitaire, puisque nos sœurs et nos frères, oiselles et oiseaux, montrent tant de joie à notre venue. »

Nombre de ses visions sont accompagnées d'une audition. La jouissance voluptueuse que lui donne la musique, humaine ou céleste, réelle ou imaginaire, est d'une telle intensité, si vive et si aiguë, qu'elle s'achève en souffrance. Durant cette retraite sur l'Alverna, son réveil-matin, son *orologio*, était un faucon, qui, venant heurter à sa cellule, lui chantait une aubade jusqu'à ce qu'il se levât. Garde-malade, d'ailleurs, singulièrement attentif et dévoué, car « si François se trouvait un jour plus fatigué, ce faucon, en personne discrète et compatissante, ne chantait que plus tard. » Un de ces matins qu'il était « fort affaibli, le Saint voulant se fortifier le corps par une nourriture céleste, et, pensant aux joies glorieuses et démesurées des bienheureux dans la vie éternelle, se mit à prier Dieu de lui accorder cette grâce de faire un peu l'essai de cette joie. Et comme il se tenait en cette pensée, voici qu'apparut un ange, au milieu d'une grande splendeur, lequel tenait une viole de la main gauche, et l'archet de la main droite. Et comme saint François restait là, stupéfait à son aspect, l'ange se mit à tirer son archet sur sa viole, et ce fut soudain une telle suavité de mélodie quelle pénétra de douceur l'âme de saint François et lui fit perdre tout sentiment de son corps. Car, suivant ce qu'il raconta depuis à ses compagnons, il lui semblait que, si l'ange avait tiré plus longtemps son archet, son âme se serait échappée de son corps, par cette douceur intolérable. »

Dès les débuts de l'ordre, François s'était entouré de poètes musiciens. En 1212, à San Severino, dans la marche d'Ancône, son éloquence naïve avait remporté une victoire éclatante. Lui, l'illettré, l'ignorant, comme il se vantait d'être, il convertit et s'attacha, pour la vie, l'un des plus fameux troubadours, poète couronné au

Capitole, « le Roi des vers, » Guglielmo Divini. Sous le nom de Frà Pacifico, c'est Divini qui fut chargé par lui d'évangéliser le pays des poètes, la France, lorsque, arrêté sur la route de Provence, par une défense, absolue du cardinal Hugolin, il y dut renoncer lui-même. Frère Pacifique séjourna chez nous à plusieurs reprises, en 1220, quand les Franciscains campèrent d'abord, sans rien bâtir, à Saint-Denis, puis, à Paris, lorsqu'ils fondèrent, à Saint-Germain-des-Prés, un couvent et une école bientôt fréquentés par plus de deux cents étudiants. Frère Pacifique, lui aussi, est un visionnaire artiste. Un jour, il aperçoit, dans le ciel, le trône laissé vide depuis la chute de l'orgueilleux Lucifer occupé par le Poverello. Un autre jour, il voit le Saint transpercé par deux glaives. Il interprète les visions du Maître, sur sa demande, avec une subtilité doctorale. Il se trouve près du Saint lorsque celui-ci improvise le *Cantique du Soleil* ; c'est lui qui est chargé de le noter, chanter, répandre. D'autres musiciens encore sont accueillis de bonne heure dans le petit troupeau : l'Allemand Julien de Spire, maître de chapelle à la Gourde France, sous Louis VIII, auteur d'une des Légendes franciscaines et d'un *Nocturnale Sancti officium*, vers rimes et musique, ensuite Henri de Pise, auteur lui-même d'une autre légende (*Vita metrica*). « Henri savait, dit Fra Salimbene, écrire, dessiner en coloris, ce que quelques-uns appellent *enluminer*, noter la musique et inventer de très beaux chants, modulés aussi bien que choraux. Il a été mon maître de chant du temps du pape Grégoire IX. Il a composé à la fois les paroles et la mélodie du *Christe Deus, Christe meus*, et il a emprunté la mélodie au chant d'une servante qui, en traversant la cathédrale de Pisé, chantonnait :

E tu ne cure de me, E no curaro de te.[1] »

Si Henri de Pise était à la fois poète, musicien, peintre, il trouvait, dans son convertisseur, un poète non moins sensible à la peinture qu'à la musique. On ne saurait s'étonner de cette indulgence du nouveau Christ pour les arts plastiques, si l'on se souvient qu'élevé dans une contrée pleine encore de monuments, ruines et débris antiques, peuplée aussi d'églises où la mosaïque la peinture, la sculpture et l'orfèvrerie trouvaient toujours quelque place, il a l'imagination hantée de souvenirs sculpturaux et colorés.

C'est par l'intermédiaire d'un *Crucifix peint* (conservé dans

1 G. Joergensen, *Saint François d'Assise*, p. XXXVII.

l'église Sainte-Claire d'Assise) qu'il a son premier entretien avec le Christ. Les réminiscences de l'Evangile et de la Bible, des poèmes chevaleresques, des chansons provençales s'associent, constamment, à ses vives impressions pour fournir à ses visions des formes polychromes d'une singulière précision. Giotto et ses successeurs, pour créer le nouvel art historique, n'auront qu'à fixer sur les murs ou le bois quelques-uns des scénarios écrits sous sa dictée, par les compagnons du Saint, témoins de sa vie, Thomas de Celano, Frère Léon, ou leur continuateur, saint Bonaventure. Avec quelle discrétion excessive cependant les artistes du Moyen âge et de la Renaissance ont puisé dans l'énorme collection de tableaux vivants accumulés, durant un siècle, par l'imagination enchantée de tous ces délicieux légendaires ! Combien il en reste encore d'oubliés et qui devraient tenter les peintres modernes si leur dilettantisme indifférent et leur virtuosité sensuelle pouvaient retrouver la fraîcheur de sentiment et la simplicité d'expression nécessaires en une semblable tâche !

Lorsque, au sortir de sa longue convalescence, le jeune François, ambitieux de gloire militaire, s'apprête à rejoindre l'aventurier Gauthier de Brienne, c'est d'abord la légende de notre, saint Martin qui l'encourage et l'inspire. De même que l'officier romain, aux portes d'Amiens, partagea son manteau avec un miséreux, il offre, aux portes d'Assise, son équipement à un chevalier pauvre ; et, comme lui, la nuit suivante, il en est récompensé par une apparition du Christ. Quelques jours après, lorsque s'affirme en lui le dégoût des vanités mondaines, et se forme un idéal supérieur de désintéressement, de pitié, de charité, c'est sous la figure d'une noble fiancée, *Dame Pauvreté*, que cet idéal lui apparaît au sortir d'une dernière orgie. Ce sera, désormais, la Dame de ses pensées, qu'escorteront bientôt deux autres compagnes, *Humilité et Chasteté*. Trio fidèle et protecteur dont il verra flotter les robes blanches, en même temps qu'il entendra leurs douces voix, dans toutes les crises de sa vie. Ainsi, plus tard, Jehanne d'Arc verra et entendra le saint trio de Michel, Catherine, Marguerite. Chaque fois qu'il est embarrassé, hésitant, inquiet, dans son action ou sa pensée, c'est une vision d'artiste qui l'éclairé et le décide. S'il conseille ses disciples, s'il prêche à la foule, c'est par des paraboles, des allégories, des images nettes et claires, qu'il persuade, illumine, convitit. Les intellectuels comme les simples, les savants comme les ignorants, sont éblouis et charmés par ces coups de lumière. Le prudent Innocent III hésite-t-il à l'accueillir ? Une même vision, celle de la vieille basilique chancelante, relevée et soutenue par les épaules d'un petit moine, leur donne à tous deux le mot d'ordre. Comment faire comprendre, cependant, le nouvel idéal à ce pontife défiant ? Par l'évocation même de Dame Pauvreté, mère de tant de beaux enfants abandonnés d'abord dans le désert par le Roi leur père. Sort-il ravi de l'audience pontificale ? C'est, aussitôt, l'avenir triomphant de sa pensée, la croissance rapide de la nouvelle religion qui lui sont annoncés par l'apparition d'un arbre robuste, touffu, gigantesque, dont la hauteur l'émerveille et l'effraie d'abord. Mais il se voit bientôt lui-même grandissant à vue d'œil, si vite et si bien qu'il peut saisir la cime et l'incliner, sans effort, jusqu'à terre.

Rêves nocturnes, visions diurnes se succèdent pour l'exalter, l'encourager, le consoler. Quant à leur explication, instructive et prophétique, il la demande à ceux de ses disciples qu'il regarde comme plus sages. Frère Pacifique est souvent prié par lui de ce soin, et ses commentaires sont ceux d'un docteur ingénieux et subtil. Voici, par exemple, comme il explique un des avatars les plus singuliers de *Dame Pauvreté*, lorsqu'elle s'est dressée devant lui, comme une statue polychrome, fondue, ciselée, damasquinée par un habile orfèvre : « C'était une dame ainsi faite : le chef semblait d'or, la poitrine et les bras d'argent, le ventre de cristal, les jambes de fer, de haute taille, d'une construction savante, de proportions régulières. Cependant cette Dame, d'une beauté admirable, n'était couverte que d'un manteau sordide. » Frère Pacifique y reconnaît l'emblème de l'âme, de la belle âme de saint François : la tête d'or, c'est la sagesse, la poitrine d'argent l'éloquence, le ventre de cristal par la sobriété et la chasteté, les jambes de fer la persévérance, le manteau usé la loque méprisable du corps dont cette âme est passagèrement vêtue. On retrouvera longtemps, chez les peintres italiens, même en pleine renaissance classique, de pareilles allégories d'un symbolisme parfois plus compliqué encore par les rêveries néo-platoniciennes. Frère Pacifique et les autres disciples de François sont d'ailleurs eux-mêmes des visionnaires plus exaltés et naïfs que leur maître ; les artistes leur devront quelques-unes des scènes les plus populaires de l'épopée franciscaine, notamment les scènes miraculeuses, dans lesquelles, de son vivant, le Saint modeste se déchargeait volontiers du rôle actif, humblement agenouillé et priant derrière eux, comme, par exemple, dans l'expulsion des démons d'Arezzo dont l'exorciste est Frère Sylvestre.

L'une des visions dernières du saint homme, la vision suprême, la vision fameuse, celle qui clôt le drame de sa passion et lui imprime les stigmates, se précise, chez le chroniqueur, avec une exactitude de formes et une splendeur de coloris, bien faites pour inspirer des dessinateurs et des peintres. « Ce matin-là, il vit descendre du ciel un séraphin avec ses ailes resplendissantes et enflammées, qui, d'un vol rapide, s'approcha de lui, si près qu'il y put clairement reconnaître une image d'homme crucifié. Ses ailes étaient disposées de telle sorte, que deux s'étendaient au-dessus de la tête, deux se déployaient pour voler, et les deux autres couvraient tout le corps. Ce que voyant, saint François, fortement épouvanté, se sentit plein à la fois d'allégresse, de douleur, d'admiration... En ce moment, toute la montagne semblait embrasée de flammes splendides illuminant de leurs reflets tous les pics et vallées d'alentour, comme si le soleil était descendu sur terre. Des bergers, qui veillaient dans les environs, ont affirmé que cette illumination avait duré une heure et plus. Et comme la lumière pénétrait, au loin, par les fenêtres, dans les maisons, des muletiers, sur la route de Romagne, se levèrent en sursaut, croyant le soleil levé, et sellèrent et chargèrent leurs bêtes. »

Ni son tempérament, ni son éducation, ni son entourage, ne permettaient donc au nouveau Christ d'éprouver pour les œuvres de l'homme, exprimant la beauté des œuvres de Dieu, aucune de ces répugnances que les théologiens austères avaient héritées des premiers martyrs et des premiers docteurs en lutte avec la corruption monstrueuse du paganisme agonisant. Il défend bien à ses disciples l'abus des lectures et des écritures, par crainte des sophismes et subtilités scolastiques, mais il ne leur saurait interdire la pratique des arts instructifs et édifiants. Un an avant sa mort, en 1225, un des siens, Fra Jacopo Torriti, signe la mosaïque absidale du Baptistère, à Florence. Trois ans plus tôt, François lui-même, au couvent de Subiaco, semble avoir posé, devant un peintre qui l'y a représenté, debout, en pied, de grandeur naturelle, sur la muraille, coiffé du capuchon, en simple moine et pèlerin, sans stigmates ni auréole (1222). D'après saint Bonaventure, un autre portrait du saint, sans stigmates, c'est-à-dire, fait de son vivant, se trouvait, un peu plus tard, dans la chambre d'une grande dame, à Home. La pieuse patricienne se désolait de cette omission, mais, à force de prières, elle obtint le renouvellement, sur la peinture même, du miracle de l'Alverna. Un beau matin, les stigmates s'y trouvèrent imprimés spontanément. La patricienne est assurément cette fidèle amie et protectrice du Saint, qu'il appela à son lit de mort, Madonna Jacobina de' Settesoli, de la grande famille des Frangipani, qui repose auprès de lui dans la Basilique d'Assises. Le tableau légué par elle se voit encore dans l'église San Francesco a Ripa. Même type, maigre, basané, barbu, aux yeux noirs et perçants, qu'à Subiaco, celui qu'on trouvera encore, après sa mort, en 1235, sur le panneau de Berlinghieri, à Pescia, sur ceux de Giunta ou quelque autre Pisan dans la basilique d'Assise et à Sainte-Marie des Anges. Avec quelques différences de détails, c'est bien l'Italien, sec et délicat, vif et nerveux, dont Thomas de Celano nous a laissé, au physique et au moral, le signalement précis et minutieux, en style de passeport ou de fiche judiciaire : « Homme très éloquent, de visage gai, d'esprit bienveillant, aussi exempt de bassesse que d'insolence. Taille ordinaire, plutôt petite, tête moyenne et ronde, face oblongue et saillante, front étroit et lisse, yeux moyens, noirs et francs, cheveux bruns, sourcils droits, nez régulier, droit, effilé, oreilles écartées, mais petites, tempes polies, langue mobile, brûlante, aiguë, voix véhémente et douce, claire et sonore ; dents serrées, égales, blanches ; lèvres moyennes et fines ; barbe noire, un peu clairsemée ; col mince, épaules droites, bras courts, petites mains et doigts longs, ongles saillants, jambes fines, petits pieds, peau tendre, très peu de chair. Des vêtements grossiers, un sommeil très court, la main très libérale. Et comme il était très humble, il montrait la plus entière mansuétude à toutes gens, se conformant, pour être utile, à leurs us et coutumes. Le plus saint parmi les saints, il semblait presque, parmi les pécheurs, être l'un d'eux. »

Dans les tableaux d'Assise, néanmoins, le type, moins ferme et moins sain, commence déjà à s'allonger et à s'émacier, le visage à se dessécher et pâlir, suivant l'idéal de mysticisme maladif qui se substitue, par le travail légendaire, dans les imaginations dévotes, au souvenir de la réalité. De grossiers copistes comme Margaritone d'Arezzo feront, du fils de la belle Pica, une sorte d'idiot, hagard, aussi laid que sale. Mais à la fin du siècle, par une juste réaction, Cimabue et Giotto lui rendront sa vivacité juvénile, sa beauté virile, sa noblesse sénile, avec la liberté d'interprétation que leur donne leur science acquise, mais une liberté respectueuse encore du type consacré. C'est après eux, seulement, qu'avec le temps, cette interprétation se montrera de plus en plus fantaisiste et personnelle. Dès lors, en effet, le *Poverello*, canonisé, sanctifié, transfiguré, devient, comme le Christ et la Vierge, un type surhumain et immortel, que l'imagination des artistes, comme celle des croyants, modifieront indéfiniment au gré de leurs rêves et de leurs pensées, de leurs sentiments et de leurs intelligences.

II

L'impulsion donnée par le génie sensible et humain de saint François se fit donc immédiatement sentir, de son vivant même, dans la peinture du portrait et la mosaïque décorative. Elle détermina, presque aussi vite, une transformation et une évolution significatives de l'iconographie évangélique et de l'art légendaire. C'était l'usage alors de suspendre, dans les églises, de grands *Crucifix* de bois et des *Ancone* avec images du Christ et de la Vierge, sur la poutre transversale, à l'entrée du chœur, au-dessous de l'arc triomphal. Sous l'inspiration franciscaine, les deux saintes effigies modifient, aussitôt, dans l'esprit nouveau, leurs attitudes solennelles et rigides, respectées par les arts byzantin et roman. Une longue suite de reproductions données par M. Venturi, dans sa *Storia dell' arte italiana*, permet de constater avec quelle rapidité s'opéra ce rapprochement de la divinité et de l'humanité, par la communauté des souffrances. A Spoleto, Assise, Arezzo, Florence, Pise, dans toutes les villes de Toscano-Ombrie, avant la révolution franciscaine, « Le Christ, dit M. Venturi, très calme, pend sur la croix, tête dressée, yeux ouverts, impassible, comme si les clous ne lui avaient pas transpercé pieds et mains ; il étend horizontalement les bras, sans effort, les pieds appuyés sur une tablette ou une corniche, sans plis ni torsions dans les jambes. » Mais aussitôt que l'esprit franciscain a réveillé la pitié dans l'âme des foules, l'âme des artistes en est également émue. « Il semble qu'un frisson agite le Christ suspendu. Il s'affaisse de tout le poids de son corps, sur ses bras, il clôt les yeux comme en un spasme atroce, le front sillonné de rides, les doigts contractés, le corps tordu, les pieds raidis sur la tablette infâme. » Saint Bonaventure pourra bientôt dire : « Son beau visage pâlit, il agonise comme nous, les mortels, ses deux yeux se voilent, il laisse tomber sa tête sur ses épaules, en sortant de cette vie douloureuse. » La maladresse inquiète des peintres encore tâtonnants, dans ces premières recherches de vérité, accentue, avec une rudesse naïve, l'angoisse touchante ou effrayante de cette agonie divine. Presque toutes les mêmes villes en offrent des exemples significatifs à côté des types byzantins.

Pour la Vierge-Mère, il en va de même. C'est avec plus de hâte encore et de variété qu'on la voit s'humaniser et se familiariser. Ne s'agit-il pas de ce qu'il y a de plus agréable aux yeux de l'homme, de plus doux à son cœur, la femme et l'enfant ? Jusqu'alors la Vierge trônant, Impératrice couronnée, grave, solennelle, présentait des deux mains l'enfant, assis sur ses genoux, drapé dans sa toge, lui aussi, grave, droit, de face, bénissant, de la main droite, suivant les rites. La voici qui dépouille ses parures de cour, se coiffe d'une capuche, puis d'un voile ou linge, comme les plébéiennes ; son *bambino* redevient l'enfant tendre et joueur, en tunique brodée ou simple chemisette, qu'elle porte sur l'un de ses bras, penchée sur lui, tandis qu'il l'embrasse, la caresse, l'interroge. Et presque aussitôt, en des mixtures diverses de byzantinisme, de romanisme, de naturalisme, suivant les traditions et les imaginations locales, en Ombrie et en Toscane, le groupe familial se vivifie et se modifie avec cette merveilleuse variété qui rend les manifestations de l'art italien si sympathiques et si intéressantes jusqu'à l'écrasement des écoles régionales, au XVIe siècle, par l'organisation officielle d'une unité déprimante et factice et la domination de l'éclectisme académique.

Ce ne sont pas seulement les deux grandes figures de l'Evangile, puis, bientôt, celles des Saints, qui se rajeunissent et s'animent. Autour d'eux, sur les mêmes panneaux, les figurines se multiplient, s'agrandissent, se groupent et se superposent, en des petites scènes, *storiette*, illustratives et explicatives. L'art légendaire, l'art historique, celui qui sera la gloire de Giotto et de ses successeurs s'annonce, se prépare, se forme. Le premier portrait sur bois de saint

François, à Pescia (1230), porte six *storiette*, deux biographiques, le *Prêche aux Oiseaux*, la *Vision des Stigmates*, sujets significatifs bientôt populaires, et quatre scènes de guérisons miraculeuses, preuves visibles de la puissance du nouveau Saint. C'est encore la facture sommaire des enluminures byzantines, avec certains détails orientaux, mais d'une maladresse déjà plus franche et plus simple dans l'indication des poses, et mouvements. A mesure que l'image vénérée se multiplie, les *storiette* et le nombre de leurs acteurs se multiplient aussi en s'agrandissant. Le Saint, dans la basilique d'Assise, se manifeste par quatre miracles seulement ; mais quelques notations maladroites y indiquent déjà un certain souci des architectures et des paysages. A Pistoia, un peu plus tard, en voilà six ; à Sienne, huit ; à Florence, vingt.

En même temps, la Vierge d'abord, puis les autres Saints populaires bénéficient de l'élan d'imagination qui inspire les biographes franciscains. La légende de sainte Glaire, la compatriote et l'associée fidèle de François, se déroule en huit tableautins, autour de son portrait, dans l'église qui lui est consacrée. Celles de sainte Marie-Madeleine, sainte Catherine, sainte Cécile, sainte Ursule et bien d'autres, recueillies par les musées toscans, montrent les étapes intéressantes de ce progrès. Là s'élabore lentement pour l'art des fresquistes en Italie, comme autrefois en France, dans les miniatures, pour l'art de nos imagiers et de nos verriers, un fonds inépuisable de groupements, mouvements, gestes, le plus souvent mal rendus, mais naturels et spontanés, d'où va sortir, dans Assise même, cette merveilleuse floraison d'épopées grandioses ou familières qui annonce, d'abord, les approches, puis détermine l'arrivée définitive, d'un renouveau durable et lumineux.

Les sculpteurs toscans, mieux outillés, dès le commencement du siècle, sous des influences venues à la fois du Nord et du Midi, avaient pris, de leur côté, une part active à ce mouvement, avec une incontestable supériorité technique. Il ne semble pas toutefois que ce franc retour à la vérité, cette observation sincère et nette de la réalité, cette traduction, noblement et délicatement expressive, des passions habituelles et des émotions les plus pures de l'humanité, soient principalement dus, comme on le répète, à Nicolas, citoyen de Pise, mais d'origine apulienne. Si l'on en juge par son célèbre chef-d'œuvre à Pise, la chaire du Baptistère

(1260), ce qu'apporta, surtout, son génie, robuste et dramatique, dans l'art local, fut l'admiration, chaleureuse et intelligente, mais violente et presque exclusive, d'abord, pour la facture puissante, massive, tourmentée des sarcophages romains. Cette admiration va jusqu'à la transformation pure et simple des matrones, déesses, empereurs, rhéteurs païens, en personnages chrétiens, la Vierge, Jésus-Christ, les Apôtres et les Saints. S'il se montre, pour la technique, un admirable novateur et précurseur, il s'affirme, pour l'imagination, un réactionnaire décidé, en lutte avec l'esprit de son pays et de son temps, à l'heure même où François d'Assise, ses disciples, ses poètes, ses artistes, viennent de réveiller, pour les beautés simples de la vie actuelle et de la nature environnante en même temps que pour les espérances célestes, un enthousiasme chrétien et spiritualiste, d'une tendresse et d'une délicatesse encore inconnues.

L'heure du dilettantisme classique et des virtuosités professionnelles, heureusement, n'était pas encore sonnée. Par un phénomène qui n'est point rare dans l'histoire des lettres et des arts, ce furent les collaborateurs mêmes et les élèves du maître, qui réagirent, peu à peu, sur lui pour diriger l'action de son génie dans un sens plus conforme à l'évolution générale des intelligences et des cœurs. Avant l'arrivée de Nicolas, on trouve déjà à Pise, Lucques, Pistoia, nombre de bas-reliefs, d'une inspiration simple, claire, expressive, assez proche du style courant en Provence, Lombardie, Bourgogne. Est-il téméraire de croire que les premiers collaborateurs ou élèves de l'Apulien, Fra Guglielmo, pisan, Arnolfo di Cambio, florentin, plus tard, son fils même, Giovanni, grandis et formés dans un milieu moins archaïsant, l'aient spontanément, insensiblement, amené à assouplir, simplifier, alléger sa propre manière, en même temps qu'à laisser leurs tempéraments et goûts personnels se manifester de plus en plus librement dans l'exécution des maquettes ou dessins qu'il leur pouvait fournir ? En fait, le retour décisif de l'art naturaliste à l'observation sincère de la vie présente n'est effectué que dans les bas-reliefs de l'Arca di san Domenico, à Bologne, représentant des épisodes de la vie du Saint (1267). D'après tous les documents, le maître d'œuvre, le chef d'atelier, fournisseur du plan, est bien Nicolas, devenu Nicola Pisano, mais le sculpteur est Fra Guglielmo, ce dominicain de Pise, déjà connu, avant 1260, par les bas-reliefs d'une chasse à Cagliari. Si l'ampleur lourde de quelques draperies, certaines têtes de comparses empruntées aux vieux sarcophages, çà et là, rappellent l'enseignement de Nicolas, tout le reste, clarté des groupements, simplicité et justesse des attitudes, exactitude des costumes monastiques, naturelle ingénuité, sensibilité des gestes et des physionomies montrent une parenté singulière, par leurs qualités, discrètes et touchantes, avec les bas-reliefs de nos cathédrales (Cf. à Saint-Denis, Chartres, Paris, Amiens, etc.). L'évolution féconde dès lors est décidée. En attendant qu'ils trouvent, plus tard, des occasions de développer, en des monuments personnels, leur intelligence croissante de la vie, de l'expression et de la grâce, tous les élèves de Nicolas, dans leurs œuvres collectives (chaire de Sienne, 1266, fontaine de Pérouse, 1278) s'enhardissent librement à développer leur originalité. Par une savante et judicieuse analyse visuelle, à l'aide des pièces d'archives, M. Venturi s'est efforcé de restituer à chacun d'eux, Arnolfo, Giovanni, Lapo, sa part dans le travail de ces deux chefs-d'œuvre, et ses conclusions ont toutes apparences de justesse. C'est dans leurs nobles et vivantes statuettes que les peintres ont pu et dû apprendre ce qui leur manquait encore, la vivacité des formes et le sentiment de la beauté.

A quelle époque fut entreprise la décoration picturale de la Basilique d'Assise ? Vers 1236, probablement. Cette année-là Frère Elie, à l'apogée de son pouvoir, s'y fait peindre, à genoux aux pieds du Christ, par Giunta, de Pise. Le tableau, signé et daté, a disparu depuis deux siècles, mais plusieurs crucifix, à Pise, un triptyque, à Pérouse, avec un saint François, presque identique à celui d'Assise, nous peuvent donner idée de sa manière : c'est encore du byzantinisme, mais déjà inquiet et soucieux de vérité. On a donc pu, sans invraisemblance, lui attribuer les fresques, supprimées, en grande partie, par l'ouverture des chapelles latérales, dans la nef inférieure, et dont quelques fragments, presque invisibles, achèvent de périr dans les écoinçons des arcades, au-dessus des piliers. On a proposé, aussi, les noms de Fra Giovanni Torriti, le Florentin, et de Guido, le Siennois, sans preuves plus certaines. Quel qu'en soit l'auteur, son œuvre imparfaite marque avec netteté le premier pas vers la libération prochaine, dans la conception et dans l'exécution. Ne fut-ce pas alors, en effet, une innovation hardie de substituer au parallélisme traditionnel et officiel, déjà huit fois centenaire de la Bible et de l'Évangile, le parallélisme de la Légende du Christ et de celle de saint François ? Rien ne dénote mieux l'extraordinaire enthousiasme qu'excita la conformité, désirée et réalisée, sur tant de points, par le nouveau Christ avec l'ancien. D'un côté donc, voici quelques acteurs de la Passion divine, dans les vestiges d'un *Crucifiement*, d'une *Déposition de Croix*, d'un *Ensevelissement*. De l'autre côté, face à face, on voit ceux de la Passion humaine, en des épisodes déjà populaires de la Légende franciscaine, la *Rupture de François avec son père*, le *Songe d'Innocent III*, les *Stigmates*, l'*Examen du cadavre*. Ici, l'effort est visible pour traiter avec vraisemblance des sujets contemporains. Premier rappel, timide encore, mais sérieux et sincère, fait à la vérité, par le génie toscan ! En admirant la loyauté de cet art maladroit, mais plein de promesses, on ne peut que s'associer aux sentiments de M. Pérat é : « Ces pauvres fresques nous émeuvent par l'idée de tout ce qu'elles ont libéralement offert à Giotto. Si elles n'ont pas éveillé son génie, elles l'ont du moins inspiré profondément… Quel qu'il soit, ce peintre mystérieux mérite mieux qu'un souvenir, il mérite un peu de la gloire si abondante répartie au maître dont le nom est inséparable d'Assise et de saint François. »

Après ce premier travail, la décoration de l'édifice subit un arrêt plus ou moins long, sans doute à cause des débats constants, au sujet de l'art, entre les différents partis de la religion franciscaine. Lorsqu'elle fut reprise, ce fut d'abord, semble-t-il, dans l'église supérieure, laquelle, d'après M. Venturi, « était restée nue et froide » jusqu'au généralat de Fra Girolamo Mascio, d'Ascoli (1274-1279), un *zelantissimo*. Celui-ci, bientôt Pape, sous le nom de Nicolas IV, poursuivit, avec une activité passionnée, l'achèvement décoratif de la Basilique. Par ses soins, et dès sa promotion peut-être comme chef de l'ordre, une escouade d'artistes, venue de Rome, dressa ses échafaudages, sous la voûte et dans le transept de la claire église d'en haut. Les mosaïstes et peintres de Rome avaient été, au XIIe siècle, les premiers et vrais précurseurs de la Renaissance par leurs beaux travaux de restauration et décoration, sous les grands papes lettrés et militants (Basilique Saint-Clément, Sainte-Marie du Transtévère, etc.). Ils tenaient encore, à ce moment, le premier rang en Italie. Bien que des artistes byzantins fussent encore parfois appelés dans la Ville éternelle, et que leurs ouvrages, austères et grandioses, y fussent admirés et imités, néanmoins un art indigène, plus inégal dans sa technique, mais plus libre dans ses tendances, et surtout plus conforme aux traditions locales, pagano-chrétiennes, toujours vivantes dans les ruines de l'antiquité, s'y était utilement formé. Les Cosmati, notamment, jouèrent un rôle important dans cette évolution. C'est par l'activité infatigable de cette nombreuse famille que, durant plus d'un siècle, se multiplièrent, dans les églises de Rome et des régions voisines, ces monuments exemplaires, cloîtres, tombeaux, ambons, tabernacles, pavements, candélabres, etc., où la sculpture, la mosaïque, la peinture s'associent, constamment, avec une variété de combinaisons décoratives dont le charme et l'élégance nous ravissent encore. C'est dans leurs ateliers que se forma le plus grand artiste romain de cette époque, Pietro Cavallini, longtemps regardé comme l'élève de Giotto, d'après les suppositions de Vasari, alors qu'il fut son aîné, son précurseur et probablement son maître. C'est encore sous leurs influences que se développèrent, soit en même temps que Cavallini, soit sous sa direction, les autres peintres qui l'accompagnèrent à Assise, romains ou florentins, Fra Jaeopo Torriti, Filippo Rusuti, Gaddo Gaddi, Giovanni Cimabue, etc.

L'incertitude des dates pour les âges, les éducations, les voyages, les travaux de ces différents artistes, le délabrement, aggravé par les réfections anciennes ou récentes de leurs fresques, rendent assurément fort difficile une répartition exacte de leur activité, et même une attribution probable de leurs rôles respectifs dans cette vaste opération collective. Ce qui semble assez vraisemblable, néanmoins, c'est la prépondérance, successive ou simultanée, des deux chefs, reconnus alors et constatés par l'histoire, de l'école romaine et de l'école florentine, Pietro Cavallini et Giovanni Cimabue. Cavallini est déjà un maître célèbre ; à la même époque, ou peu de temps après, il est chargé de décorer, par mosaïques et peintures, la basilique de Saint-Paul où le Florentin Arnolfo di Cambio édifie et sculpte l'élégant tabernacle dont les sculptures sont déjà empreintes d'une grâce attique (1295). Bientôt il va, dans les mosaïques du chœur à Santa Maria del Trastevere, rajeunir, dans un esprit nouveau de simplicité familière, les épisodes les plus populaires de la Légende virginale, et dans les fresques grandioses de Santa Cecilia, récemment rendues à la lumière, témoigner d'une vigueur imposante dans le développement original des traditions indigènes. De 1308 à 1314, enfin, on le trouve, à Naples, dans ce milieu français qui accélère si nettement l'évolution naturaliste, occupé et pensionné par le roi Robert, ainsi que ses compatriotes, Giotto, Arnolfo di Cambio Giovanni Pisano, Tino di Camaino, etc., etc. M. Verituri n'hésite pas à lui attribuer ces vivantes et dramatiques peintures de Santa Maria Donna Regina où M. Bertaux voyait la main des Siennois. « C'est, dit-il, son testament de peintre. »

Vis-à-vis de Cavallini le Romain, son cadet, quel fut, quel put être le rôle de Cimabue le Florentin, son aîné ? Dès 1272, nous l'avons rencontré à Rome. Qu'y apportait-il de son pays ? Peu de chose, sans doute, si l'on en juge par la persistance des pratiques et formules démodées dans la coupole en mosaïque du Baptistère florentin, commencée par le grec Apollonios, continuée par Andréa Tafi. En revanche, il y reçut certainement, de tous côtés, des leçons de style monumental, dans les églises encore pleines de monuments et débris antiques, récemment restaurées et décorées par les Cosmati, si habiles à combiner, dans leurs sculptures et mosaïques, la séduction brillante des polychromies orientales et l'élégance pure et claire du marbre blanc. Que sa réputation l'y ait précédé, ou qu'il l'y ait acquise, durant son séjour, il y fut, semble-t-il, fort occupé. On lui attribue une forte part dans la suite des *Légendes de saint Pierre et saint Paul*, peintes vers 1275, sous le portique de la Basilique vaticane : c'était un long cycle de scènes dramatiques, malheureusement détruit au XVIe siècle avec la vénérable bâtisse. Nous ne pouvons plus juger de leur valeur comme style, mais nous connaissons, du moins, leur intérêt comme compositions narratives, par les grossières copies qu'en fit alors Deodato Orlandi, dans la nef de San Piero di Grado, près de Pise, et quelques dessins, pris sur place au XVIIe siècle, avant la destruction, par J. Grimaldi (Bibl. Vatican. Cod. *Barberiniano*, XXIV, 50). C'est peu de temps après que Cimabue se rendit à Assise où il dut séjourner plusieurs fois.

L'œuvre considérable qui lui est attribuée, comme celle que l'on accorde à Cavallini, dans la basilique franciscaine, ne peut être déterminée que par la comparaison avec leurs peintures authentiques, disséminées ailleurs. Il en est de même pour tous leurs associés probables dans cette énorme entreprise, Fra Jacopo Torriti (deuxième du nom), franciscain, l'auteur, avec un autre frère mineur, Fra Giacomo da Camerino, des belles mosaïques absidales à Sainte-Marie Majeure et Saint-Jean de Latran (1295), Gaddo Gaddi et Filippo Rusuti qui travaillèrent aussi à Sainte-Marie Majeure. Ce dernier, bientôt appelé à Paris par le roi Philippe le Bel, avec deux autres maîtres romains, y touchera pension, comme peintre de la Cour, de 1309 à 1317. Malheureusement, la disparition totale de leurs œuvres dans notre pays ne nous permet point de constater l'influence qu'ils durent exercer sur notre école nationale.

Il faut bien ici, néanmoins, s'efforcer de rendre à ces vaillants ouvriers des premières heures la justice reconnaissante qui leur est due. Justice collective, c'est facile, car l'ensemble de leur œuvre, si mutilée qu'elle soit, reste encore surprenant et admirable. Justice distributive, c'est moins aisé ! Et pourtant, comment ne serait-on pas tenté de s'y essayer ? M. Venturi, après Crowe et Cavalcaselle, Strzygovvski, Zimmermann, Thode, Hermanin, Toesca, l'a fait avec une patience exemplaire, et, s'il ne semble pas toujours possible d'accepter, sans réserve, ses affirmations non plus que celles de ses prédécesseurs, on éprouve toujours un vif plaisir à le suivre dans ses analyses et observations.

Selon lui, le plus ancien témoignage de son génie novateur laissé par Cimabue doit être cherché, dans l'église inférieure, à la base d'une voussure portant huit épisodes évangéliques de style giottesque, une *Madone avec saint François*. La Vierge, comme dans les retables de l'Académie à Florence et du Louvre à Paris, y siège sur un fauteuil royal que gardent et soutiennent, de chaque côté, des anges, aux têtes penchées, aux mains effilées, de physionomies graves, mais douces et attendries, qui sont bien de la même famille. Le saint François est une transposition, assez fidèle, de l'effigie primitive, par une main plus souple et plus habile, qui atténue la maigreur fiévreuse, l'allongement excessif de l'image maladive conservée dans la sacristie. D'autres critiques, au contraire, s'étonnant que les autres cadres de la fresque aient pu attendre si longtemps leur décor, croient devoir reporter la date du morceau aux dernières années de l'artiste. En tout cas, nul ne lui en conteste la paternité.

Soit avant, soit après cette œuvre typique, c'est pourtant dans l'église supérieure que Cimabue, Cavallini et leurs associés ont déployé, sur un plus vaste champ, toutes les ressources de leurs imaginations décoratives et de leurs talents poétiques et dramatiques. Malgré la dégradation de certaines parties, c'est encore, dans le transept et dans la nef, un émerveillement pour les yeux d'abord, pour l'esprit ensuite, devant l'unité, enveloppante et fascinante, de l'ensemble décoratif. Grandes compositions, figures accouplées, figures isolées, en pied ou en buste, s'y suivent ou s'y entremêlent, du haut en bas, sur les soubassements et parois, dans les écoinçons des baies, derrière les colonnettes de, s galeries, dans les segments des voûtes. Ces apparitions sont distribuées avec tant de clarté et de variété, si harmonieusement séparées à la fois et rapprochées, par les bordures et nervures en plate peinture, à décors géométriques ou fleuris, que l'on se sent comme transporté et baigné dans une atmosphère idéale pleine de visions colorées et parlantes. C'est l'impression subtile et pénétrante qu'on éprouve en Italie dans toutes les églises et palais où l'ensemble du décor Moyen âge et Renaissance est resté à peu près intact, à Saint-Marc de Venise, par exemple, à l'Arena de Padoue, etc.

Dans cette énorme épopée évangélique, la part de Cimabue, d'après M. Venturi, serait très importante. D'abord, dans le transept, les deux grands *Crucifiemens*, occupant, face à face, tout le fond de chaque bras. Pouvait-on trop multiplier, sur le tombeau du Saint qui pleurait au seul souvenir de la Passion, les représentations du Calvaire ? Ces deux scènes capitales sont, d'ailleurs, dans un état déplorable. L'une, surtout, à droite, est si gâtée par l'humidité des murs que les couleurs en sont toutes décomposées. Les figures, jadis claires, ne s'enlèvent plus qu'en taches noires, flottantes et déchirées, comme des chiffons brûlés, sur les fonds incertains. On dirait d'un mauvais négatif de photographie. Et pourtant, et pourtant ! Pour peu qu'on tienne l'œil fixé sur ce cimetière, on y voit lentement sortir de leurs tombes une quantité de spectres agités, si expressifs dans leurs attitudes, si vrais dans leurs mouvements, qu'on reste violemment ému devant l'action tragique à laquelle ils prennent part. Quelle ferveur dans le Saint François, prosterné au pied de la croix ! Quel désespoir, quelle explosion de tendresse et de remords, dans la Madeleine, debout, dressant ses bras tendus vers le supplicié ! Quelle dignité, quelle majesté de douleur contenue dans l'attitude accablée de la Vierge et des Saintes Femmes qui l'escortent ! Et dans les hauteurs du ciel, au-dessus des gibets, quelle tempête, quelle apothéose ! Tandis que le Christ, subissant la dernière épreuve de son humanité, s'affaisse, meurtri et brisé, sur le bois infâme, fermant les yeux, laissant tomber sa tête, voici que, de tous côtés, battant l'air à grands coups d'ailes, des anges descendent pour recueillir son sang et ses larmes. « La tragédie du Calvaire, dit M. Venturi, est renouvelée avec une énergie de fer. » Elle est, en effet, si bien renouvelée, que tous les artistes de l'avenir ne pourront presque rien y ajouter. Quand on voit qu'on peut retrouver la même vigueur, tout à côté, dans une dizaine de scènes empruntées à l'*Apocalypse*, aux *Légendes de la Vierge* et de *saint Pierre* sans compter les *Anges* et *Prophètes* rangés sous les arcades, on est stupéfait d'une telle fécondité et de tels progrès si rapidement accomplis.

Que resterait-il donc à Cavallini et à ses collaborateurs romains ? Une part énorme encore et plus qu'estimable. D'abord, dans la nef, entre les fenêtres, des épisodes de la *Genèse*, essais préparatoires ou répétitions des mêmes sujets traités par lui à Saint-Pierre de Rome, comme le prouvent les dessins d'un manuscrit conservé au Vatican, quelques scènes bibliques et évangéliques, et, dans les voûtes, un grand nombre de saints et prophètes. Dans quelques-unes de ces figures, M. Venturi retrouve la facture de Fra Jacopo Torriti, dans d'autres (les *Quatre Docteurs*, par exemple) celle de Rusuti. Tout cela peut être discuté. Mais, ce qui n'est pas discutable, c'est la tournure épique et grandiose de certaines figures encore respectueuses de l'idéal byzantin, c'est l'allure ferme et grave, l'expression ardente, dure, passionnée, tragique, de quelques autres, avec leurs masques de vieux Romains, empruntés aux fresques funéraires, toutes s'efforçant de sortir du passé, en se retrempant et se fortifiant dans un air plus libre et plus sain, au contact de la réalité. Qu'on regarde, par exemple, l'*Abraham levant son couteau sur Isaac*, le *Jacob bénissant Esaü* et bien d'autres, on sent bien là une fermentation féconde de grandes traditions vieillies, d'où va jaillir, sous un souffle plus frais et plus pur, l'ivresse d'un idéal nouveau, moins imposant, mais plus humain !

III

Lorsque les yeux descendent des hauteurs où s'entrevoient, entre les fenêtres, sous les voûtes, ces épisodes de la Genèse par les vieux maîtres de Pise, Rome et Florence, et qu'ils s'arrêtent au-dessous, sur les deux rangées régulières de cadres simulés où se déroule la suite des actes et miracles de saint François, quelle surprise à la fois et quel émerveillement ! Certes, là-haut, de ces longues et maigres figures, mal dégagées encore de la solennité byzantine, se posant ou se tordant, sous les plis secs de leurs draperies minces, et, plus près, de ces figures trapues et pleines, dont les têtes carrées, les gestes énergiques, les yeux durs et noirs, dénoncent l'origine latine, se dégage une poésie hautaine et grandiose, dont on ne saurait méconnaître la majesté épique ou dramatique. Un effort sincère, vers un idéal nouveau de vérité plus vivante et de beauté plus émue, s'y manifeste çà et là. Mais sans parler des incorrections grossières et des banalités traditionnelles qui blessent nos regards trop avisés, cet effort est visiblement trop pénible et trop incertain pour secouer, tout à fait, le poids oppressant des formules et conventions séculaires. Les artistes, en ces sujets rebattus, restent encore impuissants à les rajeunir, à leur insuffler la candeur et la tendresse franciscaines qui, pourtant déjà, hantent leurs imaginations.

Non, il n'y a pas à s'y tromper !... C'est ici qu'apparaît le vrai Libérateur. Pour ceux qui ont frissonné, pensé, rêvé, devant les vieilles fresques de Giotto, dans la chapelle de l'Arena, à Padoue, dans les chapelles Bardi et Peruzzi de Santa Croce, à Florence, c'est bien le même nom, unique et glorieux, qui leur monte aux lèvres ! Oui, c'est bien lui, le fils robuste du campagnard toscan, le Florentin avisé, observateur, laborieux, en qui l'intelligence pratique des réalités s'associe à la noblesse supérieure de l'imagination et à la clarté libre de la pensée. C'est bien le compatriote, contemporain, ami de Dante Alighieri, qui, en même temps, avec un semblable génie, par une même association harmonieuse de vérité et de beauté dans leurs créations, ouvre à l'art, comme lui à la poésie, des routes et des perspectives encore ignorées, avec une grandeur de conception et une puissance d'exécution qui ne seront guère dépassées.

Ce n'est pas que nombre de questions, à ce sujet, ne soient encore pendantes. A quel âge, par exemple, dans quelles conditions de talent et de renommée, à quelles dates, combien de fois, Giotto est-il venu travailler dans la Basilique d'Assise ? Quelles sont les œuvres qu'on peut lui attribuer, soit dans l'église supérieure, soit dans l'église intérieure ? Quels y furent ses collaborateurs, les uns ses condisciples, les autres ses élèves ? Toutes questions intéressantes, assurément, et qu'il faut bien, dans une certaine mesure, essayer d'élucider, sans prétentions de les résoudre. Constatons, d'abord, les faits certains. Examinons ensuite les œuvres. Et peut-être, à défaut de dates écrites, si souvent trompeuses, nos yeux suffiront à nous donner de sérieuses probabilités. Pour les quelques œuvres de Giotto échappées aux ravages du temps et des hommes, trois dates seulement semblent certaines : celles de 1298 pour la commande de la Mosaïque, la *Navicella* dans la basilique Saint-Pierre à Rome, de 1206 pour la décoration de la chapelle *dell'Arena* à Padoue, celle de 1220 à 1230 environ pour les peintures dans l'église *Santa Croce* à Florence. Ce sont là les points de repère qui peuvent et doivent servir à fixer, si possible, la chronologie des autres travaux, par la comparaison du style, dans les conceptions imaginatives et la réalisation technique.

Vasari nous dit que Giotto fut appelé à Assise par Fra Giovanni di Muro della Marca, nommé général de l'ordre en 1296. Rien de plus vraisemblable que celto tradition. Quelle que soit la beauté de ces fresques de Saint François, on n'y trouve point encore la puissance magistrale qui, sous les outrages des restaurations successives, nous montrent pourtant dans la *Navicella* une décoration monumentale de maturité plus complète, ni cette vigueur et cette sûreté dans la mise en scène pathétique et la présentation plastique, qui affirment les progrès incessants du penseur et du praticien dans l'art légendaire et historique, à Padoue et à Florence. C'est donc bien un travail antérieur, un travail de jeunesse, avec tous les charmes et toutes les inquiétudes, toutes les affirmations ambitieuses et toutes les inexpériences tâtonnantes d'une virilité prochaine qui s'exerce et prend possession d'elle-même avec une hardiesse méthodique et réfléchie.

Quel âge donc avait Giotto en 1296 ? Quels avaient été ses maîtres ? Quels sont ses travaux antérieurs ? D'après Vasari, il n'aurait eu que vingt ou vingt et un ans. C'était bien invraisemblable ; mais le biographe enthousiaste ne voyait, dans cette précocité, qu'une attestation miraculeuse de la mission providentielle confiée par la volonté divine à son compatriote. Depuis longtemps, cette erreur est dissipée par le témoignage d'un contemporain. Du même âge que Dante : Giotto est né en 1265 ou 1266. Avant d'être chargé d'un travail aussi important et aussi nouveau que la représentation des actes d'un Saint récent, avec des grandes figures, dans son pays même, sous les yeux de vieillards qui pouvaient l'avoir connu, il avait donc eu le temps de mériter cet honneur en faisant ses preuves. Mais, ces preuves, où les avait-il données ? A Florence, à Rome, à Assise ? Probablement un peu partout. A Florence, il avait eu, certainement, pour maître Cimabue, dont l'empreinte se marquera longtemps encore dans ses madones et ses crucifix. Toutefois, ce maître n'est point sédentaire, on le trouve à Rome, en 1272, un peu plus tard, à Assise. C'est un homme illustre, de noble race, très glorieux, très recherché, un grand chef d'atelier. Est-il téméraire de penser que, suivant l'usage, il se faisait d'ordinaire accompagner et aider par ses meilleurs élèves ? Comment ne pas croire que le petit Giotto n'a pas connu Rome, ses monuments, ses artistes lorsqu'on retrouve, chez lui, tant de réminiscences et impressions romaines contre si peu de byzantines, malgré la persistance du byzantinisme à Florence chez l'autre professeur local Andréa Tafi ? Comment ne pas être certain qu'il a, de bonne heure, travaillé à Assise, sous les ordres de Cimabue, peut-être de Cavallini, en compagnie de Torriti, Rusuti, Gaddo Gaddi et quelques autres condisciples devenus plus tard, à leur tour, ses collaborateurs ? C'est l'opinion, du reste, généralement acceptée aujourd'hui. Il y a même de telles similitudes entre certains détails de facture chez ces maîtres et chez lui, qu'on a cru possible de lui assigner sa part déjà personnelle dans quelques peintures du transept, des voûtes, ou parois hautes, de l'église supérieure.

Giotto, non plus que Nicola Pisano, n'est donc point l'enfant du miracle, comme les Florentins se plaisaient à le proclamer. Il a des précurseurs, des préparateurs, des maîtres, dont il fut le collaborateur. Comme eux, à son tour, il aura des condisciples et des élèves qui deviendront ses aides. Ce serait folie de croire qu'à lui seul, il ait pu, de sa propre main, exécuter ces cycles énormes d'épopées religieuses et historiques par lesquels il proclame la bonne nouvelle à tous les bouts de l'Italie, à Florence, Pise, Bologne, Ravenne, Rimini, Rome, Vérone, Padoue, Milan, Naples. Toutefois, dans tout ce qui, de son vivant, porte son nom ou le nom d'un de ses élèves, l'unité d'une direction suivie se marque avec une autorité imposante. Après sa mort, cette autorité restera telle encore, que, durant un siècle, aucune école ne voudra, ne saura ou ne pourra s'y soustraire, jusqu'à l'évolution, scientifique et classique, déterminée par l'Humanisme.

C'est bien ce qui éclate déjà ici. Sans doute, même pour l'œil le moins exercé, dans ces vingt-huit scènes de la légende franciscaine, si tristement, d'ailleurs, altérées, désaccordées, dans leur épiderme, par d'impertinentes et barbares restaurations, il y a d'énormes différences dans la mise en œuvre du carton ou du dessin primitif. Il est clair que tel ou tel coopérateur, suivant ses tendances et sa capacité personnelles, allonge ou ramasse ses formes, allège ou appesantit ses draperies, étudie avec plus ou moins d'exactitude ou de fantaisie ses architectures ou ses paysages, donne une expression plus ou moins vive, plus ou moins intelligente à ses figures, et mène son coup de brosse avec plus ou moins d'ampleur, d'intensité ou de mollesse. Mais, n'est-ce pas le cas de toutes les œuvres monumentales et collectives à toutes les époques ? Le mérite des maîtres puissants du Moyen âge et de la Renaissance, est d'avoir su associer à leurs vastes entreprises d'autres maîtres assez intelligents pour les comprendre, assez expérimentés pour les traduire, sans les asservir à une contrefaçon humiliante, en utilisant leurs qualités personnelles, comme un bon maestro symphoniste, dirigeant son orchestre, utilise les virtuosités spéciales de ses instrumentistes. Le maestro n'en reste pas moins le maestro, l'œuvre n'en reste pas moins la sienne. Nous possédons les noms des sculpteurs qui travaillèrent à Sienne et à Pérouse avec Nicola Pisano, ceux des peintres qui assistèrent Raphaël dans les Chambres du Vatican, et de ceux que s'adjoignit Rubens pour exécuter les tableaux de la galerie de Médicis. La plupart étaient eux-mêmes des artistes supérieurs ou estimables, assez personnels et assez libres pour qu'on puisse reconnaître parfois leur travail particulier dans l'œuvre commune. Pourquoi ne pas accepter à Assise ce qu'on doit accepter à Rome, à Florence, à Venise, à Anvers, partout et en tout temps ?

Les fresques de Giotto, depuis quelques années, ont été ana lysées, en détail, par un grand nombre de critiques et hypercritiques. Il y a profit, assurément, à suivre ces analyses lorsqu'elles sont faites, avec conscience et sincérité, par des experts savants et compétents, tels que Cavalcasello et Crowe, MM. Venturi et Berenson, même lorsqu'elles aboutissent parfois à des hypothèses hasardeuses et contestables. Mais, de là, à vouloir substituer, en tête, les noms de Gaddo Gaddi, Rusuti, Puccio Capanna, ou tel autre, à celui que les traditions et les vraisemblances donnent pour le créateur et directeur, il y a loin encore. C'est donc avec bien des réserves que nous suivrons même M. Venturi dans l'ingénieuse et perspicace répartition qu'il fait des divers morceaux. D'après lui, sur les 28 compartiments, sept seulement (n° 1, 16, 19, 20, 21, 22, 23) auraient été peints par Giotto. Les autres seraient dus à quatre collaborateurs, Filippo Rusuti (n° 6, 7, 8, 9, 10, 11, 12), un « maître des formes grandioses » Puccio Capanna (n° 2, 3, 4) ou l'un de ses compagnons (n° 13), un autre collaborateur, au coloris plus vif et plus clair (n° 5, 13, 14, 15, 17), le maître dit de Sainte Cécile (d'après un tableau aux Uffizi à Florence), le *maestro dalle forme allungate* (n° 25, 26, 27, 28). Nous voyons bien les caractères auxquels le subtil analyste croit reconnaître les œuvres personnelles de Giotto : la vivacité dans les mouvements, l'expression plus libre et plus intense dans l'action dramatique. Mais, à ce compte, quelques-unes des compositions les plus admirées, celles où le caractère expressif des figures isolées ou juxtaposées, comme en des bas-reliefs, s'accentue dans les silhouettes et les masses, avec une vigueur plastique inconnue avant lui, ne lui appartiendraient donc pas ! Ce ne serait donc pas le style de Giotto qu'il faudrait admirer dans le *Don du manteau au pauvre chevalier*, le *Rêve du Palais des Armures*, les *Démons chassés d'Arezzo*, *François devant le Sultan d'Egypte*, la *Nativité à Greccio*, le *Prêche aux oiseaux*, dans cet admirable *Paysan buvant à la fontaine*, etc., etc., sujets parfois repris, complétés, perfectionnés plus tard, par le maître lui-même ! Vraiment, ce serait singulièrement réduire l'étendue d'une action générale, agissant, successivement d'abord, puis simultanément, sur presque toutes les parties de l'art, dont nous retrouvons les effets multiples et constants, dans toutes les œuvres postérieures du maître, à Rome, à Padoue.

En fait, rien de plus surprenant, de plus éloquent, de plus touchant que cette suite d'épisodes familiers ou miraculeux représentés, pour la première fois, avec une réalité de formes et de couleurs inconnues depuis l'Antiquité gréco-romaine. Sans doute, il ne faut pas l'oublier, depuis plus d'un demi-siècle, l'immense popularité des doctrines franciscaines, le travail continu des légendaires, depuis Frère Léon jusqu'à saint Bonaventure, superposant la poésie propre de leur enthousiasme et de leur admiration à la poésie originale des premières chroniques, avaient bien préparé les imaginations à voir reparaître, dans les arts comme dans les lettres, les enchantements de la nature extérieure, les joies et les souffrances de la vie humaine. Sans doute, d'autre part, des progrès techniques lentement accomplis par les mosaïstes, sculpteurs, peintres, durant la même période, avaient également préparé les yeux à des réclamations et des exigences d'apparences plus exactes et plus complètes dans la fixation des rêves ou des souvenirs. Mais jusqu'alors, sauf à Bologne, pour la châsse de Saint-Dominique, aucun artiste ne s'était trouvé mis en face de sujets actuels à traiter en des proportions pareilles, avec un tel développement, dans leur milieu réel, avec leurs vrais costumes. Il ne s'agissait plus, cette fois, de compositions traditionnelles à ranimer, de formules imposées à rajeunir, c'était un monde nouveau à composer et organiser de toutes pièces, en extrayant ses éléments de la vie environnante. Le coup de génie, chez Giotto, fut de saisir, avec une hardiesse et une décision supérieures, l'occasion offerte de reconquérir, d'un coup, toutes les libertés. Non seulement, il avait compris qu'il fallait retourner devant la nature pour utiliser les traditions, mais il avait encore compris, comme devait le répéter sans cesse, trois siècles après, son arrière-petit-fils Léonard de Vinci, qu'il fallait consulter constamment, presque uniquement, la nature et la vie. Il est déjà facile de suivre ici, ce qu'on pourra suivre encore dans les œuvres postérieures du grand artiste, sous l'action de cette pensée maîtresse : une évolution progressive dans la puissance d'observation, de conception, d'invention, qui le mettra, successivement, en face de tous les problèmes que peut soulever son art. Et tous ces problèmes, il les posera, étudiera, et, souvent, résoudra avec une hauteur de vues qui le feront encore admirer, consulter, vénérer comme un maître et un père par les plus grands artistes de la Renaissance et des temps modernes.

Déjà, voyez dans la première scène : *Un habitant d'Assise jetant son manteau sous les pieds du jeune François*, avec quelle netteté, sinon quelle maturité, s'affirme le génie clair et vif du Florentin franchement libéré de toutes les formules byzantines et imitations romaines, observateur sincère, compositeur réfléchi, exécutant soigneux. L'épisode, ignoré ou négligé par les chroniqueurs contemporains, ne se trouve rappelé que dans saint Bonaventure où le peintre l'a trouvé. La scène se passe sur la place d'Assise. L'acteur principal, nous dit la Légende, est « un homme très simple, » mais il y eut quelques témoins pour attester et commenter son geste. Nous sommes en pleine vie contemporaine. Giotto, dans son enfance, a pu recueillir l'anecdote de la bouche même de quelques octogénaires.

Il place donc la scène sur la grande place comme s'il venait d'y assister : au fond, le temple de Minerve et le palais communal ; de chaque côté du groupe principal, un couple de citoyens, notables et lettrés, s'entretenant de l'affaire, avec surprise ou admiration. Pas d'autres figurants, que les seuls acteurs nécessaires à l'intelligence de l'action ; mais chacun d'eux étudié sur le vif, et, de pied en cap, puissamment expressif par l'attitude, le geste, la physionomie, le vêtement, et tous associés et concordant à l'unité générale de la représentation. C'est déjà la qualité maîtresse, dominante, fondamentale, qui restera toujours la marque supérieure de Giotto. Qu'il s'en tienne à deux, trois ou quatre figures, calmes et largement ou vivement plastiques, comme ici même et dans les scènes suivantes, ou qu'au contraire, de plus en plus hardi, il les assemble en groupes agités et compacts, sous le coup de quelque émotion douloureuse ou tragique, c'est le même esprit qui les anime. Suivant l'occasion et le sujet, il peut donner à leur corps plus de vigueur ou de souplesse, plus de tranquillité ou de mouvement ; il peut modifier aussi, suivant les cas, la façon de les présenter dans la lumière, soit par un modelé massif, saillant, sculptural, soit par des modelés moins accentués, plus souples et plus pittoresques. Quelles que soient les diversités de facture imputables aux divers traducteurs de ses compositions, et les déplorables altérations dues à de trop fréquentes et grossières restaurations, il reste facile de saisir, dans toutes les fresques suivantes, une progression incessante dans l'invention et dans la technique, la poursuite réfléchie et opiniâtre d'une plus grande perfection.

Dans la seconde scène, *François donnant son manteau à un pauvre chevalier*, d'autres intentions s'ajoutent aux premières. Le peintre nous avait dit tout à l'heure qu'il fallait situer l'action dans un milieu architectural, si elle avait une ville pour théâtre ; il nous dit maintenant que, si elle se passe à la campagne, il faut représenter la campagne ; il donne donc, sommairement encore, mais avec une vue nette de la réalité, quelqu'un de ces rochers abrupts et secs, clairsemés d'oliviers chétifs et couronnés de châteaux ou de chapelles, si communs dans la région. Le jeune François imberbe, coiffé d'un serre-tête, est plus simplement noble encore, et le vieux chevalier, qui reçoit le don, d'un mouvement plus libre. Dans leurs attitudes, leurs vêtements, leurs physionomies, plus rien de conventionnel ; c'est la nature même, c'est la vie, avec sa variété, franchement, résolument observée, simplifiée, ennoblie, la vérité passagère se transformant en beauté définitive, par la seule franchise d'un œil clairvoyant et attentif, d'une intelligence sensible et réfléchie, d'une âme chaleureuse et profonde. La nature animale qui tenait une si grande place dans l'admiration et la tendresse de saint François et qui allait en tenir une si grande dans l'œuvre de Giotto, le fils du paysan, le petit gardeur de troupeaux, se montre déjà ici avec une étonnante vérité. Le cheval, de grandeur naturelle, d'où est descendu François et qui penche la tête pour brouter le gazon, tandis que son maître est en train de converser, est aussi vrai que les figures humaines. Il faudra longtemps après Giotto et ses collaborateurs, il faudra plus d'un siècle avant que Masaccio, pour les gens, Vittore Pisano et Jehan Fouquet, pour les bêtes, retrouvent cette netteté de vision et cette justesse d'exécution.

Que d'heures on passe, que de jours on pourrait passer à s'étonner et réfléchir devant ces manifestations juvéniles d'un incomparable génie ! Tous les problèmes de l'art pictural, tous ceux que les quattrocentistes florentins et vénitiens, que Léonard de Vinci et Michel-Ange, résoudront ou s'efforceront de résoudre, problèmes de composition et d'expression, de formes et de lumières, de perspective et d'anatomie, de rythmes linéaires et d'orchestrations colorées, s'y trouvent déjà indiqués et posés, avec une autorité magistrale et définitive, par ce prodigieux créateur. Si, dans la *Vision des Armures* et celle du *Crucifix parlant*, où le château féodal et l'église ruinés forment le décor important, l'effet de perspective est encore incertain, on l'y voit, cependant, attentivement cherché, et l'exactitude, dans la structure et l'ornementation architecturale, est déjà plus scrupuleuse. Toute la virilité expressive du dramaturge et du psychologue se développe enfin dans la *Rupture avec son père*, devant l'évêque d'Assise, quand le jeune converti, à qui Bernardone reproche ses pieuses prodigalités, se dépouillant brusquement de ses habits, les lui jette à terre avec son argent, tandis que l'évêque couvre sa nudité de son manteau. La mise en scène prêtait aux gesticulations violentes, mais l'artiste a réservé ces attitudes et ces explosions passionnées, où il excellera, pour des tragédies plus graves encore. Ici, tous les sentiments profonds de colère offensée chez le père, de conviction énergiquement résignée chez le fils, de dignité compatissante chez l'évêque, d'étonnement ou de curiosité chez les témoins, se traduisent en des mouvements justes et simples, par la seule intensité d'expression morale qui anime les figures des pieds à la tête. Lorsque, plus tard, à Santa Croce, Giotto reprendra le même thème, il gardera cette première et naturelle disposition de ses acteurs, mais il saura leur imprimer, dans le geste et la physionomie, une expression plus vive et plus noble encore, témoignant ainsi, jusqu'à la fin de sa vie, du souci incessant de perfection qui n'aura cessé de diriger, depuis ses débuts, son infatigable activité. On trouvera également, plus tard, à Santa Croce, une réfection, agrandie, améliorée, approfondie de l'admirable scène, si saisissante encore, que nous voyons plus loin, *Saint François devant le Sultan d'Egypte*. La curiosité bien informée du peintre y présente déjà des types orientaux d'une exactitude toute moderne.

Autant les figures de moines, isolées ou accouplées, qui figurent dans les visions du *Char de feu*, des *Trônes*, des *Démons d'Arezzo*, du *Prêche aux oiseaux*, etc., sont d'un naturalisme franc et puissant, étudiées sur le vif au physique et au moral, avec une intelligence et une sympathie viriles et présentées, en des reliefs sobres et solides, avec une vigueur sculpturale ; autant celles des figures réunies qui se multiplient soit en des cérémonies solennelles, soit en quelques circonstances tragiques ou miraculeuses, s'y pressent et s'agitent avec des souplesses et des mouvements bien rendus. La *Fête de la Nativité à Greccio*, la *Mort subite, à la fin d'un repas, du Seigneur de Celano*, l'*Apparition du Saint au concile d'Arles*, les *Audiences pontificales*, les deux scènes des *Funérailles*, et de la *Lamentation des Clarisses* sont vraiment des chefs-d'œuvre d'exactitude matérielle et morale, d'intelligence nette, grave, profonde pour la mise en scène sans emphase, et l'exécution pittoresque, sans manière et sans affectation, qui peuvent rester encore des modèles pour la représentation des scènes historiques. Assurément, dans ce remuement des foules, dans ces vivacités de mouvements collectifs, où les corps s'entremêlent et s'assouplissent, où les expressions physionomiques se diversifient et se contrastent, nous reconnaissons, sans hésiter, l'empreinte de Giotto. Ce n'est point une raison suffisante, répétons-le, pour lui refuser une participation importante à l'exécution des figures plus paisibles et d'une facture plus accentuée. En fait, on ne trouve, avant lui et bien rarement après lui, rien qui réunisse autant les qualités nécessaires à la peinture monumentale, légendaire et historique. Le maître, l'inspirateur, le compositeur se sent partout, même lorsque la traduction de sa pensée est confiée à des interprètes d'une intelligence moins libre ou d'une expérience moins consommée, comme par exemple, dans les dernières pièces de la série, les *Miracles* après la mort du Saint. On a supposé que ces morceaux, d'une facture, en effet, plus molle, plus inégale et indécise avaient été exécutées, en son absence, par un élève moins habile que ses collaborateurs habituels. En tout cas, sous ses infériorités de traduction, on sent encore cet esprit du maître, cet esprit nouveau de sincérité et de naturel, par lequel se transforme, pour toujours, la peinture historique. Dès lors, et durant des siècles, c'est le génie de Giotto que l'on sentira, toujours présent, toujours actif, dans toutes les peintures murales en Italie. Lui-même allait bientôt revenir à Assise, pour y continuer son apostolat sous une autre forme. Mais avant d'y donner les modèles de la peinture symbolique et allégorique, il allait d'abord, à Padoue, renouveler et transformer les vieilles légendes évangéliques, avec autant de hardiesse et encore plus d'autorité qu'il n'avait renouvelé et transformé, à Assise, la légende récente du Saint local.

ISBN : 978-1723086274

www.ingramcontent.com/pod-product-compliance
Lightning Source LLC
Chambersburg PA
CBHW051331220526
45468CB00004B/1593